中世の名門
宇都宮氏

目次

宗教と文化

西国進出

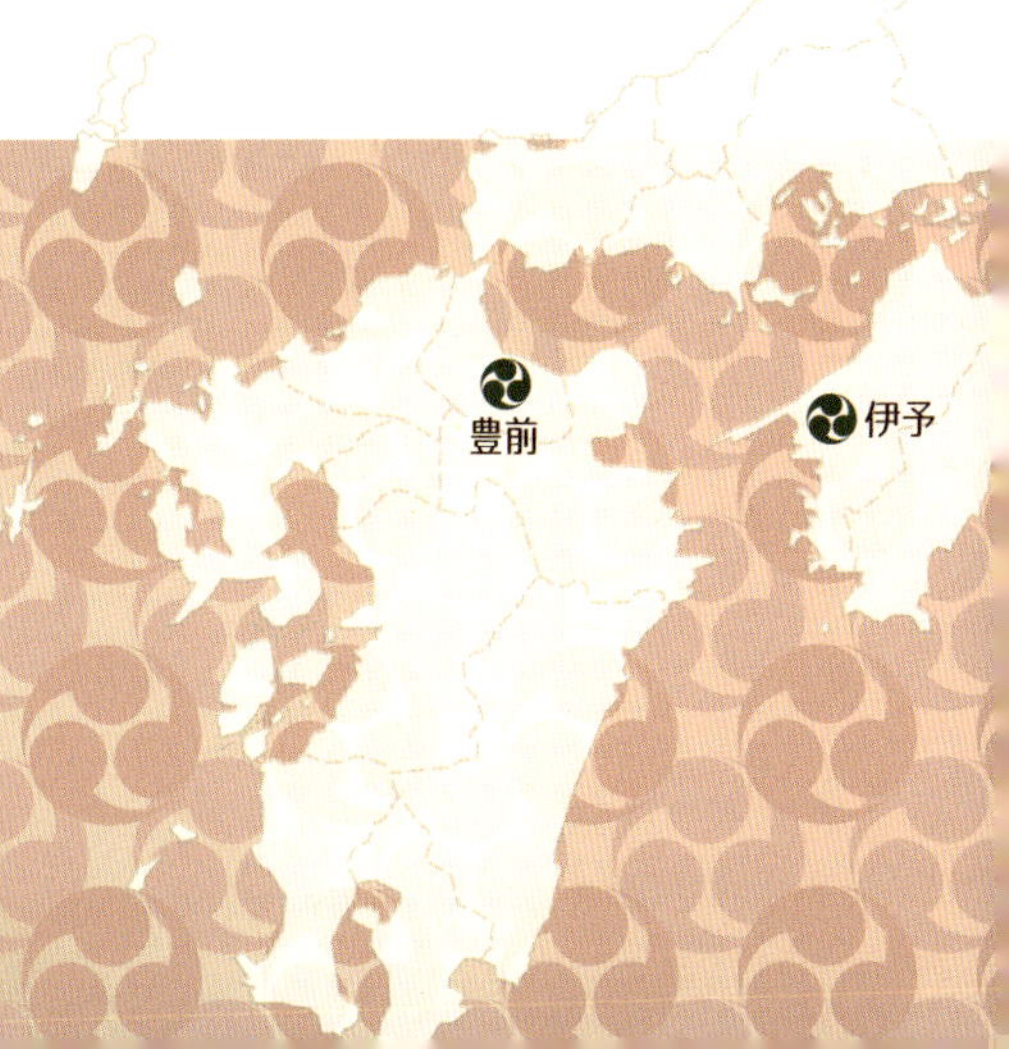

乱世と一族

本書は2017年9月2日から18年3月31日までの下野新聞に連載された「中世の名門 宇都宮氏」に加筆・修正をし、書籍化したものです。本文中に出てくる人物の肩書などは取材当時のものです。

*本書の情報は平成30年5月現在のものです。
掲載されている寺院への交通は一例です。バスなどは本数も少ない所も多いので、事前にご確認くださいますようお願いします。

表　紙：宇都宮蓮生（5代頼綱 京都・三鈷寺蔵）
裏表紙：宇都宮信房（豊前宇都宮家蔵）

栃木・茨城

上三依塩原温泉口
妙雲寺 P38
那須
会津鬼怒川線
日塩有料道路
東北自動車道
那須塩原
八溝山
高原山
川治温泉
鬼怒川温泉
東北本線
P74
長興寺
川崎城跡
P74
矢板
武茂城跡
乾徳寺 P176
今市
宇都宮俊綱の供養塔 P182
氏家
東武日光線
日光宇都宮道路
勝山城跡
P26
烏山線
烏山
水郡線
P188
多気山不動尊
宝蔵寺 P176
興禅寺 P164
宇都宮二荒山神社 P12
宇都宮
飛山城史跡公園 P170
鹿沼
P194
宇都宮城址公園
茂木
那珂川
東武宇都宮線
真岡鐵道
安善寺 P32
P158
西方城跡
東武金崎
益子
宇都宮家累代の墓 P20
P200
西明寺
綱神社 P44
北関東自動車道
東北新幹線
真岡
大羽山地蔵院 P20,44,50
小松寺
P32
専修寺 P96
三谷草庵 P96
稲田神社
栃木
久下田
西念寺
P96
両毛線
鬼怒川
友部
笠間西
小山
水戸線
下館
常磐自動車道
綱戸神社
称念寺
P56
常磐線
野木神社
P56
関東鉄道常総線
筑波山
栗橋
利根川
霞ヶ浦

京都

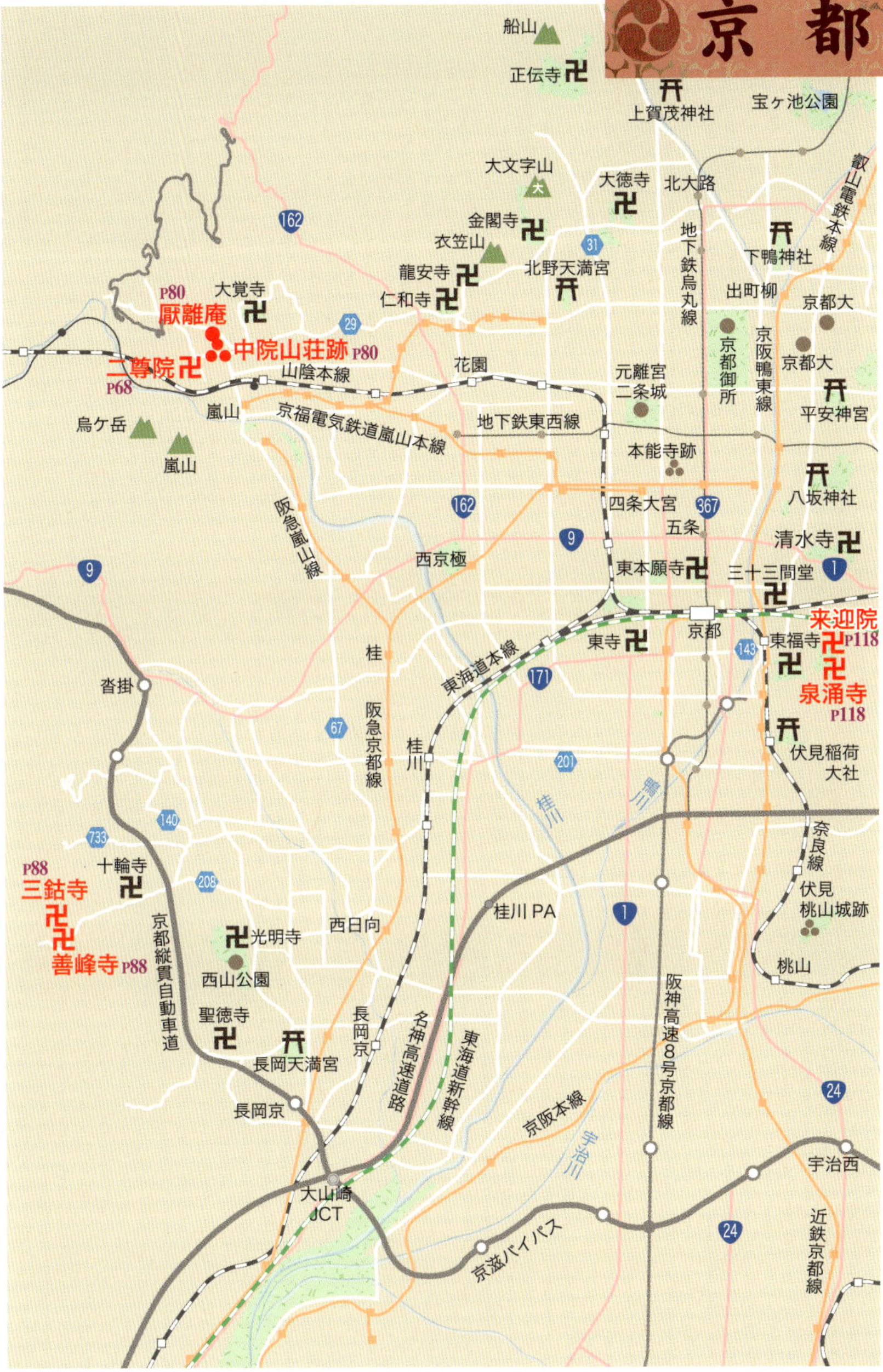
船山
正伝寺
上賀茂神社
宝ケ池公園
大文字山
大徳寺
北大路
叡山電鉄本線
金閣寺
衣笠山
北野天満宮
地下鉄烏丸線
下鴨神社
龍安寺
仁和寺
出町柳
京都大
P80
厭離庵
大覚寺
中院山荘跡 P80
二尊院
P68
山陰本線
花園
京都御所
京阪鴨東線
京都大
元離宮二条城
平安神宮
嵐山
京福電気鉄道嵐山本線
地下鉄東西線
烏ケ岳
嵐山
本能寺跡
八坂神社
阪急嵐山線
四条大宮
五条
清水寺
西京極
東本願寺
三十三間堂
来迎院
京都
東寺
東福寺
P118
桂
東海道本線
泉涌寺
P118
沓掛
阪急京都線
桂川
伏見稲荷大社
桂川
鴨川
奈良線
P88
十輪寺
三鈷寺
伏見
桃山城跡
桂川PA
光明寺
西日向
善峰寺 P88
京都縦貫自動車道
西山公園
阪神高速8号京都線
桃山
聖徳寺
長岡京
名神高速道路
東海道新幹線
長岡天満宮
京阪本線
長岡京
宇治川
宇治西
大山崎JCT
京滋バイパス
近鉄京都線
162
31
29
162
367
9
9
1
143
171
67
201
140
733
208
1
24
24

地図

愛媛

伊予灘
下灘
伊予長浜
54
43
330
予讃線
28
卍西禅寺 P160
伊予白滝
肱川
八多喜
春賀
248
五郎
新谷
240
大洲
松山自動車道
56
宇都宮神社
P144,152
232
伊予大洲
西大洲
大洲城
P144
197
44
伊予平野
大洲北只
441
松山自動車道
197

地図

北九州

新下関
下関
九州自動車道
小倉
山陽新幹線
城野
石田
下曽根
北九州空港
周防灘
苅田北九州空港
日田彦山線
10
行橋
201
豊津
日豊本線
平成筑豊鉄道田川線
みやこ豊津
築上
犀川
木井神社 P126
城井谷 P132
東九州自動車道
宇島
中津城 P138
合元寺 P138
中津
237
496
天徳寺 P132
10
212
213
豊前
32
32
中津
城井ノ上城址
日田彦山線
500

はじめに

多彩な人脈、京武者ルーツ

「宇都宮さん」という名字が多いのは、宇都宮市を県都とする栃木県かと思ったら、そうでもない。名字に関する書籍などをみると、「宇都宮さん」は全国で5、6千世帯もあるのに、本家本元の栃木県宇都宮市にはわずかしかない。愛媛と大分、福岡県に圧倒的に多く、「西高東低型」になっている。

中世領主の宇都宮氏は下野国を代表する宇都宮社（二荒山神社）から取り、「宇都宮」という地名も神社名からきているといわれる。しかし宇都宮氏の出自は今ひとつはっきりしない。

宇都宮の地は戦国時代末の戦乱と明治の戊辰戦争で宇都宮社や粉河寺、東勝寺などの由緒のある寺社が焼かれ、貴重な古記録を失っている。このため宇都宮氏の足跡はほとんど消し去られてしまった。

こうして中世の県央の歴史は分からないことが多くなった。これが市民の「郷土愛」にも影響してきたのではないか思う。

ところが2011年の晩秋、栃木県庁で開かれた「宇都宮氏に関するシンポジウム」を聴いて驚いた。福岡県と愛媛県の研究者から、中世の豊前（九州）宇都宮氏と伊予（四国）宇都宮氏の歴史が語られたのである。栃木県の研究者と一体となった報告は、とても興味深い内容だった。

宇都宮氏は武士にとどまらず、法然や藤原定家とも交わった宗教者、歌人でもあった。これが最近の研究では、

「院や摂関家に仕え、源頼朝も一目置くほどの多彩な人脈を持つ軍事貴族」「頼朝の父義朝とも関係が深かった京武者」という見方が有力になっている。

２０１７年９月から翌年３月までの下野新聞連載「中世の名門　宇都宮氏」は、この時のシンポジウムと２０１７年秋に開催された栃木県立博物館「中世宇都宮氏」展がきっかけになっている。

九州の研究者には３日間、取材にお付き合いいただき、学習をしながら関係地を回ることができた。愛媛県大洲市の宇都宮神社に眠っている『日光山并当社（宇都宮社）縁起絵巻』は、世界遺産日光と宇都宮社（宇都宮二荒山神社）のルーツを探る根本資料でもある。『絵巻』は現在、「非公開」となっているが、もうすこし取材日程を取ってアプローチすべきだったと反省している。

「親鸞と関東」の項目では、親鸞が鎌倉幕府の命によって、相模で一切経の校合（校閲）を行ったという伝承も取り上げた。親鸞と鎌倉幕府に接点があったかどうかははっきりしない。しかし親鸞が「なぜ、関東にやって来たのか」「関東の20年の最終盤にどのような行動を取ったか」については関心がある。この部分については研究者に推測を交えて踏み込んで解説をしていただいた。

慌ただしい取材にもかかわらず、宗教者、研究者の先生方には丁寧に対応いただいた。この機会に改めて御礼を申し上げたい。

本書では新聞連載で掲載し切れなかった写真、史料を収録し、注釈を付けた。これを「宇都宮氏」の入門書として活用いただき、遠く西国にまで勢力を広げていった中世領主がいたことを知る手がかりにしていただけたらと思う。

下野新聞社特別編集委員　綱川　栄

夏祭りでにぎわう宇都宮二荒山神社の門前＝宇都宮市馬場通り

宇都宮とは

奥州と向き合う軍事都市

＊二荒山《ふたあらやま》神社は宇都宮の街の真ん中、臼ヶ峰と呼ばれる小高い山の上にある。

道行く人が巨大な大鳥居の前に立ち止まって深々と頭を垂れ、静かに通り過ぎていく。

祭りや「七五三」のシーズンには、参道の100段近い石段にも人の列がで

＊宇都宮二荒山神社

延喜式内社（名神大社）論社、通称「二荒さん」「名神さま」。主祭神は豊城入彦命。相殿は大物主命（大国さま）、事代主命（恵比寿さま）。

栃木県宇都宮市馬場通り1—1—1

【交通】JR宇都宮駅西口からバスで5分、馬場町下車すぐ。または東武宇都宮駅から徒歩10分

き、にぎわいが一挙に増す。

門前にはかつて仲見世や映画館が立ち並び、デパートが進出した。今は高層ビル群の谷間にあるが、神社が街の核であることに変わりはない。栃木県立博物館学芸部長の江田郁夫《えだいくお》さんは「それは二荒山神社が象徴的な神の館であり、人々の精神的支柱であり続けているからだ」と指摘する。

■頼朝も重要視

中世の宇都宮は「奥州への前線基地」であり、二荒山神社は朝廷に仇《あだ》なす敵を討ち、奥州と向き合う社壇（神社）だった。鎌倉後期編さんの『新式和歌集』には「東路《あずまじ》や　多くのえびすたいらげて叛《そむ》けばうつの宮とこそ聞け」という歌が収録されている。

ご祭神は『日本書紀』に「これ上毛野《かみつけの》君、下毛野《しもつけの》君の始祖なり」と記された*豊城入彦命《とよきいりひこのみこと》。

平将門《たいらのまさかど》の乱では藤原秀郷《ふじわらのひでさと》が、奥羽の*前九年・後三年の役では源頼義《みなもとのよりよし》・義家《よしいえ》がわざわざ参詣し、戦勝を祈った。

＊豊城入彦命
第10代崇神天皇の皇子。『日本書紀』では「豊城入彦命」、『古事記』では「豊木入日子命」と表記されている。上毛野君、下毛野君の始祖。第11代垂仁天皇の異母兄で、東国の治定にあたったとされる。宇都宮二荒山神社の御祭神。

＊前九年・後三年の役
1051年源頼義・義家が陸奥の安倍氏一族を、1083年には源義家が藤原清衡を助け奥羽の清原家衡・武衡を滅ぼし、源氏が東国に勢力を築いた。

宇都宮氏略系図（番号は当主の代数）

※栃木県立博物館作成の略図に加筆

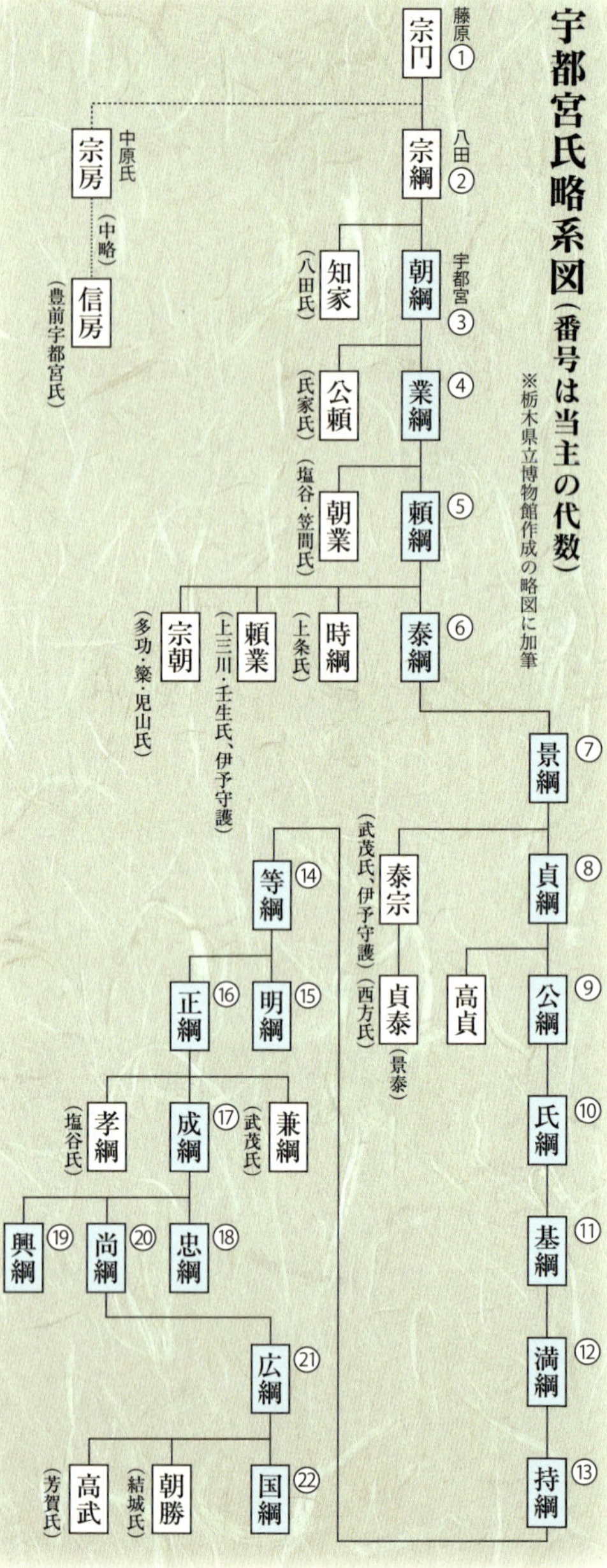

鎌倉時代の初期には、奥州藤原氏との合戦のため鎌倉を出陣した源頼朝が、下野国小田《こた》（古多）橋駅《はしのうまや》に到着すると、真っ先に社壇「宇都宮」に奉拝した。幕府の公的史料である『吾妻鏡《あづまかがみ》』*には「巡路のご参詣にあらず、ひとえにご報賽《ほうさい》（祈願）のためなり」とあり、頼

＊吾妻鏡
『東鑑』とも書き、全52巻。1180年－1266年の鎌倉幕府前半の事蹟を記した。北条本は、後北条氏伝来といわれ、江戸時代の版本のもととなっている。

朝がいかに宇都宮社を重要視していたかが分かる。

「鎌倉時代には朝廷と幕府から、伊勢大神宮、熱田宮、石清水八幡宮、鶴岡若宮などと並ぶような崇敬を受けた神社」と『栃木県史』は記している。

宇都宮はその門前町であり、陸奥を通る中世の幹線道路「奥大道《おくのだいどう》」*の宿駅《しゅくえき》を結ぶ複合都市だった。宇都宮市文化課主幹の今平利幸《こんぺいとしゆき》さんは中世の宇都宮社の門前について「神官や社僧の屋敷を含む『宮中《みやちゅう》』*が広がり、池辺郷《いけのべごう》の地名のもととなった『鏡ヶ池』があった」と説明している。奥大道沿いの上河原、中河原、小田橋駅にそれぞれ宿が

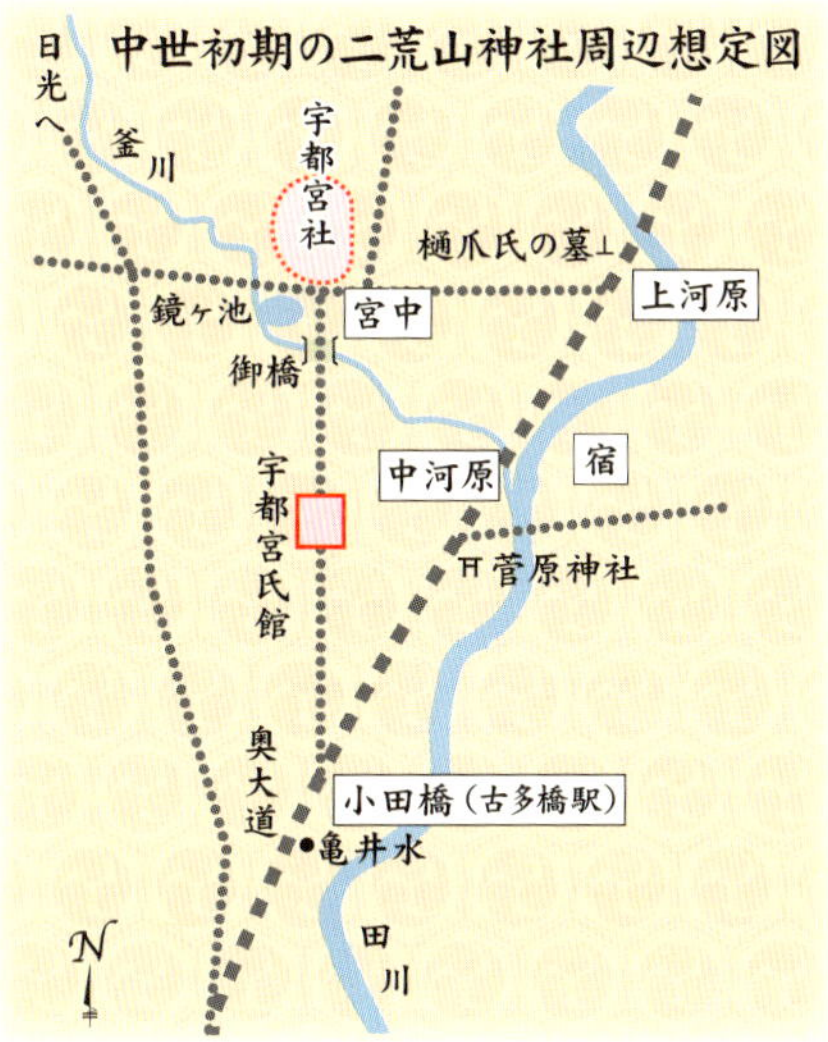

*奥大道
鎌倉から陸奥湾までを結ぶ幹線道路。

*宮中
宇都宮氏当主と末社神宮を兼ねる「一門」、さらに被官者の居館。宇都宮氏による宇都宮神領支配と経営の拠点とされる。

できていたという。

神社名に由来

そして12世紀の宇都宮には多くの軍事貴族が進出した。筑波大名誉教授の山本隆志《やまもとたかし》さんによると、朝廷内に武門的地位を築いていた紀《き》氏一族の波賀《はが》氏、豊前《ぶぜん》宇都宮氏の始祖となる中原姓宇都宮氏、さらに藤原姓八田朝綱《はったともつな》、伊豆に流罪となった頼朝の側近で近江源氏の佐々木氏らが集住していた。

武勇にたけた京武者らが「奥州でいつ、何があるか分からない」と、宇都宮に拠点を構えた。山本さんは「宇都宮はほかの北関東の都市と違って、鬼怒川の辺りまでベースキャンプ化し、一種の軍事都市になった。宿の近くに奥大道と平行して人工の水路が引かれ、馬を世話する博労、鍛冶職が存在した。上河原は宇都宮社の神職層が開発にかかわった可能性がある」と推測している。神々しい門前町は、京都の文化も混じり合った状態になっていたのかもしれない。

交通の要衝である宇都宮は、食糧や消耗品を調達する兵たん基地

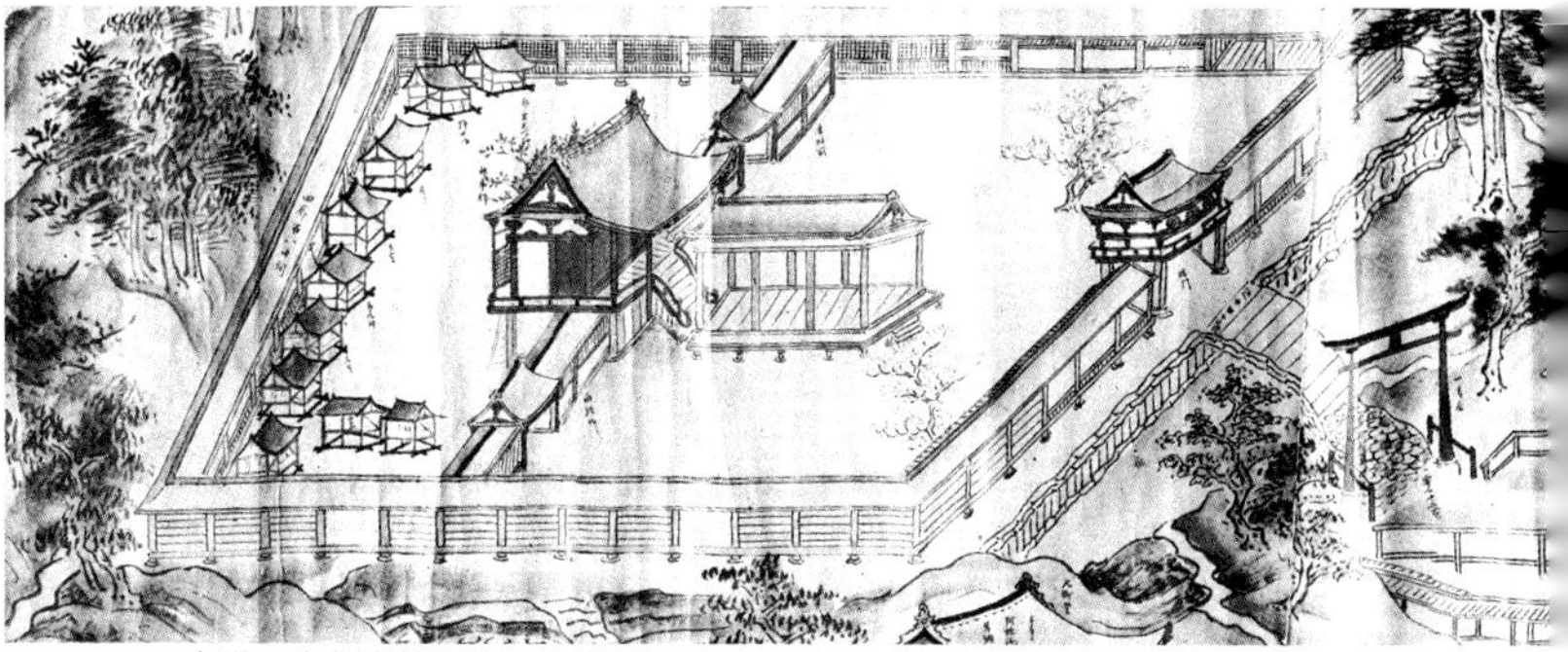

中世の宇都宮社本殿、大御堂。
『愛媛県大洲宇都宮神社 日光山縁起』（三宅千代二編）より転載

になった。茨城大教授の高橋修《たかはしおさむ》さんは「宇都宮は馬を送り出す機能を持つ交易の場にもなっており、橘姓《たちばなせい》氏家《うじいえ》氏ら周辺に所領を持つ武士も、集住を経て、宇都宮と何らかの関係を持っていたのではないか」とみている。

　こうした京武者らの中から、広大な神領を持つ宇都宮社の総責任者に、藤原朝綱が承認される。『吾妻鏡』の1184年5月24日の記事には「藤原朝綱、*宇都宮社務《しゃむ》職《しき》に相違なし」とある。平家が滅亡する1年前のことだった。

　「もともと神社の名称だった『宇

＊宇都宮社務職
宇都宮朝綱は1184年、源頼朝から宇都宮社務職の相伝を認められた。宇都宮市史によると、惣領は一族を代表して祖先神ないし鎮守の神を祀り、族的結合の中心になった。惣領家は二荒山神社の「社務職」を受け継ぎ、家子・郎党、庶流・族類で神官層を構成していた。

都宮』は、こうして神官で鎌倉御家人の名字となり、やがて神社を中心とする地名になった」と江田さんは解説する。

荒尾崎の下之宮

臼ヶ峰に立つ宇都宮二荒山神社

＊宇都宮二荒山神社の下之宮と臼ヶ峰

「下之宮」は、宇都宮パルコ西の荒尾崎にひっそりとある。社伝によると838（承和5）年、「下之宮」に祀られた御祭神が北側の「臼ヶ峰」に移された。この「下之宮」と「臼ヶ峰」は現在、大通りによって分断されているが、かつては前方後円墳だったという説もある。

「論証は困難」

しかし神社名がどうして「宇都宮」になったのかは、いまだに分からない。

地元の歴史研究者の雨宮義人《あめみやよしと》*さんは著書の中で、古代法典の延喜式でいう「一宮《いちのみや》説」、下之宮などからの「移しの宮説」、神聖な場所を指す「稜威《いつ》の宮説」、現在地の「臼峯《うすがみね》説」「現宮《うつつのみや》説」、奥州の征討を祈る「征討宮《うつのみや》説」「宇豆高き御屋代説」—を挙げている。

「うつのみや」が言葉として出てきたのは、神祇伯《じんぎはく》*（長官）を世襲した公家の平安末期の記録に「下野国宇豆宮」と記されたのが初めて。しかし雨宮さんは「どの説が正しいのかを論証するのは困難なこと」と言っている。

●宇都宮とは

838	荒尾崎の宇都宮社御祭神を臼ヶ峰に遷座と伝わる
940	藤原秀郷、平将門の追討を祈願と伝わる
1060	石山寺座主宗円、下野宇都宮に下向と伝わる
1180	源頼朝、伊豆で平氏打倒の挙兵
1184	頼朝、藤原（宇都宮氏3代）朝綱の「宇都宮社務職」を承認
1189	頼朝、奥州平泉に出陣。宇都宮に詣でる
1194	朝綱、公田横領の罪で土佐へ流される
1205	宇都宮氏5代頼綱、謀反の嫌疑で出家
1235	頼綱、藤原定家から『小倉百人一首』原型の色紙を受ける
1281	8代貞綱、元寇により九州に出陣
1332	9代公綱、紀清両党を率いて楠木正成軍と対陣
1585	22代国綱、本城を宇都宮城から多気城に移す
1597	国綱、豊臣秀吉によって改易される

＊雨宮義人
歴史研究者。東京帝大を卒業して栃木県教委入りし、宇都宮高校長などを歴任した。編さん著書に『田中正造の人と生涯』『二荒山神社誌』『栃木県教育史』『栃木県神社誌』『慈覚大師』『益子の文化財』など。

＊紙祇伯
律令官制による神祇官の長官。

宇都宮氏とは、

存在感群抜く「京武者」

益子町上大羽にある*地蔵院の北側に、中世宇都宮氏歴代領主の墓がある。

坪数は実に800。雑木に囲まれて五輪の石塔が立ち並んでいる。地蔵院住職の高下智空《たかしたちくう》さんは「3代朝綱《ともつな》をはじめ、歴代の宇都宮氏がここに葬られているのです」と説明する。

藤原宗円《ふじわらのそうえん》の孫とされ、「宇都宮」と名乗った朝綱は「鳥羽院武者所」「後白河院北面」として長く院に仕えた京武者だった。

公卿《くぎょう》の日記『*兵範記《へいはんき》』によると、1168年に東国の武士では類をみない「右兵衛尉《うひょうえのじょう》」に任じられ、1180年には「左衛門権少尉《さえもんごんしょうじょう》」にまで昇進している。

＊地蔵院

真言宗大羽山地蔵院極楽寺。阿弥陀堂の建立については宇都宮朝綱が奥州合戦に参戦した功績によって寄進された説、さらに尾羽で自刃した清水冠者義高を慕った姫が仮庵を結んで菩提を弔っていたのを、憐れんだ源頼朝が阿弥陀堂を建立せしめた説がある。

栃木県芳賀郡益子町上大羽945−1

【交通】真岡鐵道益子駅から車で約15分

京都女子大名誉教授の野《の》口《ぐち》実《みのる》さんは、この時代の宇都宮氏のステータスについて「在京武士の中でも群を抜いた存在だった」と評している。治承・寿永内乱（源平合戦）以前の段階で、東国武士の衛門府尉への補任は源氏の庶流も含めてほかに例をみないという。

ならば「京武者」朝綱は、どういう経緯で宇都宮に来たのだろう。手がかりは父宗綱《むねつな》が拠点とした「常陸国八田（現茨城県筑西市）」にありそうだ。大阪産業大特任教授の市村高男《いちむらたかお》さんは「宗綱が八田に拠点を置きつつも在京して院武者所で活動した京武者で、下野守

地蔵院にある宇都宮氏歴代の廟所五輪塔群＝益子町上大羽

＊兵範記
平安時代末期の公卿 平信範（1122〜1187）の日記。保元の乱や高倉天皇即位の記事などが記載されている。人車記、平信記ともいう。

となった源義朝《みなもとのよしとも》＊と深いつながりを持っていたことと無関係でない」と説明する。

宗綱は義朝の信頼しうる家人で、宗綱の子とされる八田知家《はったともいえ》は古系図で義朝の子とされ、宗綱の猶子＊となった可能性が高いという。市村さんは「こうした背景があって義朝の嫡子頼朝の誕生後に、宗綱の娘（寒河尼《さむかわのあま》）が養育を担当する乳母として抜てきされることになった」とみている。

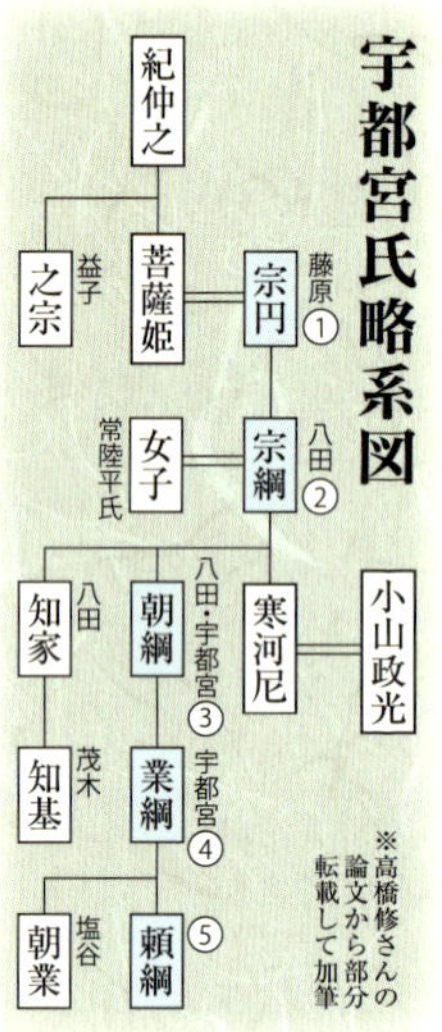

■奥大道の要衝

現在の筑西市八田は小貝川西岸の水田地帯で、世帯数は50戸にも満たない。

これに対して東岸の小栗御厨《おぐりのみくりや》＊には寺院や神社が数多くあり、御殿城跡など中世城館跡が密集する。茨城大教授の高橋修《たかはしおさむ》さんによれば、「八田ノ原」の俗称地名を残しており、熊野神社や内外大神宮《ないげだいじんぐう》もあっ

＊源義朝
（1123―1160）
源頼朝、義経の父。保元の乱には平清盛とともに後白河天皇側に、平治の乱では藤原信頼とともに清盛と敵対したが敗れて謀殺された。下野守。

＊猶子
他人の子を自らの子のように遇すること。相続権のない養子を指す。八田知家は源義朝の子とされ、八田（宇都宮氏2代）宗綱の猶子になったという説もある。

＊小栗御厨
平安末期に伊勢神宮領となり小栗御厨と呼ばれるようになった。（現、茨城県筑西市）

●宇都宮氏とは

1168	藤原（宇都宮）朝綱、右兵衛尉に任じられる
1180	朝綱、左衛門権少尉に。このころ大番役で在京
	源頼朝、伊豆で平氏打倒の挙兵
	寒河尼、頼朝の陣中を訪れる
1182	朝綱らが源頼家の誕生で護刀を献上
1183	八田知家、宇都宮信房、野木宮合戦に頼朝方として参陣（81年説もあり）
1184	朝綱、源頼朝から「宇都宮社務職」を安堵され、新恩を受ける
1185	平家が滅亡。朝綱、平家の重鎮平貞能を預けられる
1189	源頼朝、奥州合戦に出陣し宇都宮に参詣

て八田氏の信仰がかかわっているようだ。規模からみて宗綱は、小栗御厨に拠点を構えていた可能性が高い。

宗綱は京から迎えられ、常陸平氏の娘婿になったことで、この一族と一体化したという。高橋さんは「常陸平氏はこの婚姻関係によって都での人間関係を構築し、宗綱に自らの権益の一部を提供した。その宗綱の子の一人がやがて常陸守護となる八田知家であり、もう一人が宇都宮を拠点化して宇都宮氏を称した朝綱だった」と説明する。

宗綱は八田に拠点を置く一方で、*小山政光《おやままさみつ》とも姻戚関係を築くなど東国に広範なネットワークを形成していたようだ。政光室の寒河尼は宗綱の娘とされる。宇都宮氏は芳賀郡を拠点としていた紀姓宇都宮氏とも婚姻関係があり、宗綱の子朝綱はこれをもとに宇都宮に進出し、後に

***小山政光**（?—?）

平安末〜鎌倉初期の武将。下野国の寒河御厨（小山荘）を領有し、下野大掾として勢力を強めた。源頼朝に従い、下野守護となる。奥州合戦（1189）の際に活躍。妻は頼朝の乳母寒河尼。

紀姓宇都宮氏を自らの影響下に置いた。

中世の宇都宮は奥州と関東以西を結ぶ奥大道の要衝だった。高橋さんは「宇都宮と常陸府中とを結ぶ南北交通も重要な意味を持っており、その結節点にある八田を媒介にして、幕府体制下の鎌倉に先行する最重要都市の宇都宮に進出した」と指摘している。

■源頼朝が承認

平安末期の宇都宮には、早くから住み始めた京武者もいたが、頼朝は1184年、その中から「藤原朝綱 宇都宮社務職に相違なし」と朝綱の立場を安堵《あんど》＊した。栃木県立博物館学芸部長の江田郁夫さんは「これが他姓の宇都宮氏との競合関係に終止符を打って、藤姓宇

宇都宮・常陸府中ルートとその周辺

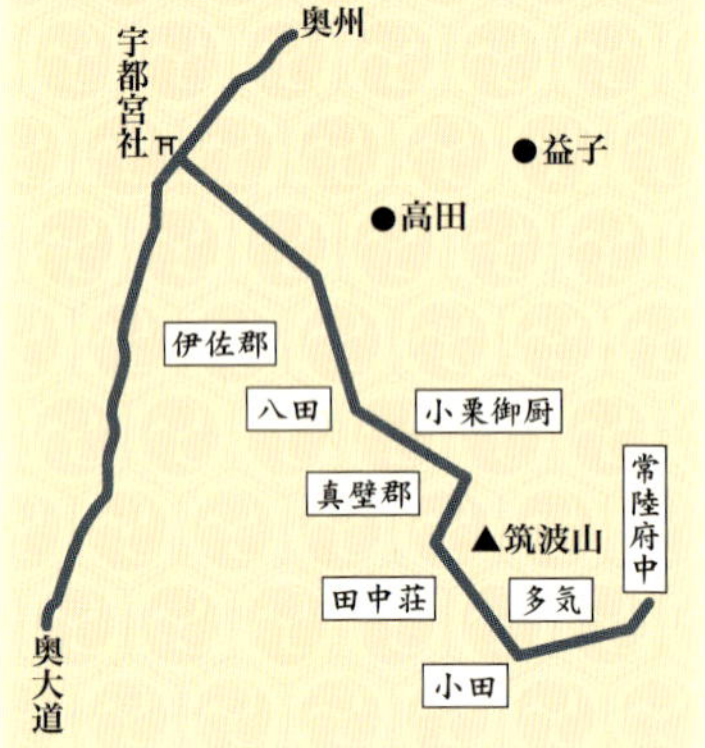

※茨城大教授 高橋修さん作成の図に加筆

＊**安堵**
武家社会で従者の生命の安全や所領、所職の保全にかかわる政治的行為。

都宮氏が成立する画期になった」と位置づける。

それにしても頼朝はなぜ、最重要都市である宇都宮社の総責任者を朝綱だと承認したのだろう。

野口さんは「宇都宮一族が頼朝の挙兵に参陣したことに加え、彼自身の貴族社会でのステータスの高さと院権力周辺との人脈、姉妹にほかならぬ頼朝の乳母の寒河尼がいるなど、姻戚にそうそうたる東国の豪族がいたからだ」とみている。

『下野国誌』所収の宇都宮朝綱画像（真岡市立図書館蔵）

筑波大名誉教授の山《やま》本《もと》隆志《たかし》さんは「朝綱は内乱開始後の宇都宮社で、大規模な宗教行事である*『一切経会《いっさいきょうえ》』を催しており、頼朝はそうした政治力に頼らざるを得なかったのだろう」と推測する。

＊一切経会
漢訳仏教経典の集大成「一切経」を供養する法会。経の題目のみを唱える。

初代宗円

謎の人物に「三井寺僧」説

宗円の伝説が残るさくら市氏家の勝山城址
＝宇都宮市芦沼町

＊勝山城跡

鎌倉時代初期に、宇都宮宗円の孫にあたる朝綱の三男氏家公頼が築城したとされる。氏家氏は橘氏を出自とする説もある。しかし南北朝時代の氏家綱元の時に家系が絶えてしまい、芳賀高家の子高清が飛山城から移り住んで芳賀氏の支城となった。氏家氏の一族には、南北朝時代に南朝方の有力武将新田義貞を討ち取って恩賞を拝領した美濃氏

さくら市の鬼怒川沿いにある＊勝山城址《かつやまじょうし》は、中世宇都宮氏初代の宗円《そうえん》が前九年の役で奥州に向かう源氏軍の戦勝を祈願した霊地と伝わる。旧『氏家町史』に「（近江）石山寺座主だった宗円は、下野に下向し、鬼怒川の含満《かんまん》ヶ《が》渕《ふち》の崖上に祭壇を設けて調伏祈祷を行い、霊力で危機を救った」と記されている。勝山にはその証しでもあるかのように「勝軍地蔵」が残されている。

ただこの宗円については多くの研究者が長い間、謎の人物としてきた。国内初期の系図集＊『尊卑分脈《そんぴぶんみゃく》』や『宇都宮系図』は宗円について「関白道兼《みちかね》（道長《みちなが》の兄）の孫兼房《かねふさ》の子で近江石山寺の座主となり、前九年の合戦で源義家《よしいえ》に従って下野に下向し、宇都宮で奥州安倍氏の調伏祈祷を行い、1111年に69歳で没した」などと記している。

勝山城址（さくら市）からみた日光三山

家氏のほか、奥州氏家氏、出羽氏家氏らがいた。
勝山城の二の丸跡にさくら市ミュージアム荒井寛方記念館が建っている。
栃木県さくら市氏家1323
【交通】JR東北本線氏家駅から車で約8分。

＊尊卑分脈
南北朝時代に成立した諸家（源・平・藤・橘など）の系図の集大成で正式名は『新編纂図本朝尊卑分脈系譜雑類要集』。

大阪産業大特任教授の市村高男《いちむらたかお》さんはこのことを示した上で「これでは宗円が幼くして義家に従って下野に下り、祈祷をしたことになる。前九年の役を主導したのは義家の父頼義《よりよし》であり、不自然な点が多い」と指摘している。石山寺にも宗円の記録は残されていない。

■中右記に登場

この宗円について興味深い新説がある。東国と京武者についての研究成果を持つ京都女子大名誉教授の野口実さんが「宗円は石山寺ではなく、＊三井寺（園城寺《おんじょうじ》）の禅師だった可能性が高い」と唱えている。

この説の前には、宇都宮市の歴史研究者鴨志田智啓《かもしだとしひろ》さんが「院政初期の史料『中右記《ちゅうゆうき》』に登場する三井寺禅僧宗円こそが宇都宮氏初代宗円と同一人物」と指摘した経緯がある。

野口さんは鴨志田説に改めて検討を加え、「道長の系統の右大臣藤原俊家《ふじわらのとしいえ》は1082年に64歳で亡くなっており、宗円が1111年に69歳で没したとすれば、俊家の子であることに矛盾はない」と主張している。

＊三井寺（園城寺）

天台寺門宗総本山。7世紀後半に大友皇子の子大友与多王が創建したと伝わる。平安時代の859年に天台宗第5代座主円珍が再興して天台別院とし、以降、円珍の門徒によって受け継がれている。源頼義が三井寺に戦勝祈願をしたことから、源氏の尊崇が篤い。

滋賀県大津市園城寺町246

【交通】京阪石山坂本線三井寺駅から徒歩10分。JR東海道本線(琵琶湖線)大津駅・JR湖西線大津京駅から京阪バス三井寺下車すぐ宗円の下向時期についても「義家が主役となる、後三年合戦の段階と見るべきかもしれない。宗円が宇都宮氏の祖だったにしても、彼がそのまま下野に土着はしなかっただろう」と指摘している。系図上で道兼流藤原氏となっていることには、「和歌を詠む家に自らの先祖をつなげた可能性がある」とみている。

三井寺は藤原道長*が深く帰依し、中世以降は河内源氏の信仰も集めた。源頼朝が政権を確立しつつあった1184年11月23日の『吾妻鏡』に「園城寺牒《ちょう》（文書）」の記事がある。それによると、河内源氏との関係は、頼義が寺に前九年合戦の戦勝を祈願し、その願いが成就したことに始まったと寺側が主張している。

作られた伝説

1214年、鎌倉幕府は火災で焼失した三井寺の修造のために18人の「雑掌《ざっしょう》」を定めている。その筆

＊藤原道長（966―1027）
平安中期の摂政。3代の天皇の外戚として藤原氏摂関の全盛期をきずいた。子は関白となった頼通。

●初代宗円

1060	藤原宗円、前九年の役で宇都宮に下向というが疑問多い
1063	城山村多気山に不動明王を安置し、田下城を築いたと伝わる
1111	宗円、69歳で死去か（79歳死亡説もあり）
1113	宗円、日光山11世座主に就任説（下野国誌）
1180	宇都宮氏3代朝綱、大番役で在京
1184	朝綱、源頼朝から「宇都宮社務職」を安堵（あんど）される

禅師宗円が実在したという滋賀県の三井寺（園城寺）

頭が宇都宮蓮《れん》生《しょう》（5代頼綱《よりつな》）であり、蓮生は私財をもって造営を担ったとされる。

宇都宮氏は、どうして最大の負担をしたのだろう。

野口さんは「それは宇都宮氏と園城寺との特別な関係による」と推

測する。源氏と宇都宮社、宇都宮氏との関係についても「源義家が下野守に任じられた1070年代には宇都宮社の神宮寺に、何らかの地位を得ていたと想定できる」としている。ただこの説には異論がある。

市村さんは「着実な状況証拠を重ねているが、宗円の子らとの系譜上の位置づけに混乱や不自然さがみられる」とし、茨城大教授の高橋《たかはし》修《おさむ》さんは「園城寺僧の宗円が源氏の祈祷僧として来たことはあり得るが、宗円と八田を名乗った先祖を持つ宇都宮氏とを血縁的に結びつけるのはどうか」と疑問視している。

筑波大名誉教授の山本《やまもと》隆志《たかし》さんは「当時の宇都宮は全日本という視点でも政治、地理的な境目になっており、宗円の伝説はこうした宇都宮の位置や歴史的背景をもとにしながら、京都で作られたのではないかと想像される」と言っている。

宇都宮氏略系図

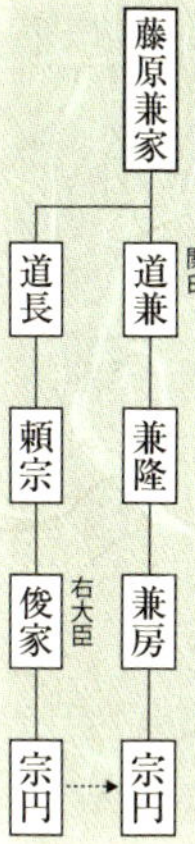

※野口実さん作成の系図を部分的に転載

3代朝綱（上）
平家武将の助命を実現

鎌倉幕府の公的記録『吾妻鏡』にある宇都宮氏3代朝綱《ともつな》兄弟と源頼朝のエピソードは、兄弟の政治的力量を示していて興味深い。

1190年10月、政権を樹立した頼朝が2度目の上洛《じょうらく》をしようとする朝、鎌倉には有力御家人がずらりと並び、出発の準備を進めていた。

ところが出発の時間になっても、朝綱の弟＊八田《はった》知家《ともいえ》が姿を見せない。時間の経過とともに不機嫌になる頼朝。それでも出発を控えて待ち続け、

宇都宮氏略系図

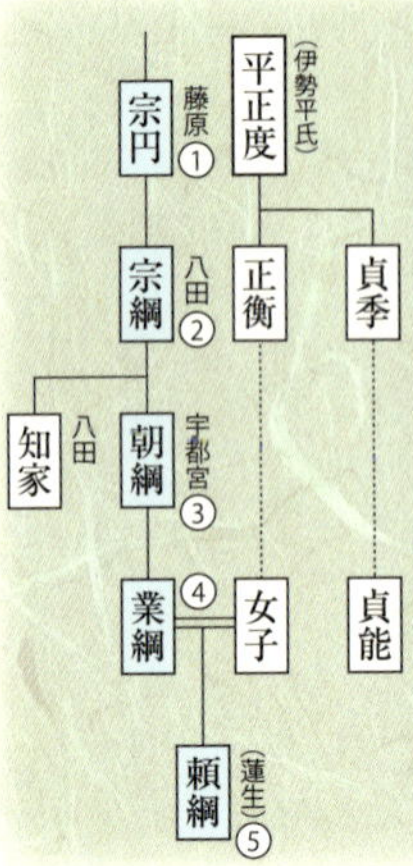

※野口実さん作成の系図を部分的に転載

＊八田知家（？―？）
平安後期～鎌倉初期の武将。宇都宮宗綱（八田宗綱）の四男。源義朝の子という説もある。源頼朝挙兵に参加し、源範頼に従う。鎌倉幕府の十三人の合議制の一人。小田氏、伊自良氏、茂木氏、宍戸氏などの祖。

知家は昼ごろになってやっと常陸からやって来た。

「おい、たるんでいるぞ」

頼朝がしかりつけると、遅参した知家は「体調が悪かったので」と言い訳をし、頼朝の機嫌を損ねながらも、上洛に向けた先陣・後陣の人選や乗馬についてのアドバイスをし始めている。

茨城大教授の高橋修さんは「頼朝は大軍勢の進発を遅らせてまでも、京に精通し、馬に関する知識が豊富な八田知家の意見を聞きたがった。そして入洛《じゅらく》時の後陣の乗馬などの意見をその通り採用している。頼朝にとって、知家はそれほど欠かせない人材だった」と解説する。

頼朝との逸話

頼朝は京と馬に対する知識が豊かな宇都宮一族にも、同じように一目を置いていた。高橋さんによると、奥大道《おくのだいどう》の要衝にある宇都宮は、奥州で産出され、関東以西に送られる高級馬の集約所でもあり、宇都宮氏は馬商人たちと交渉し西国に交易品として馬を送り出す機能を担っていた。

そんな宇都宮氏と頼朝のエピソードが、1185年7月の『吾妻鏡』に記されている。平家没落後、行方をくらましていた平家の有力武将*平貞能《たいらのさだよし》が宇都宮氏3代朝綱のもとに身を寄せ「今は出家を遂げて隠せいし往生したいと考えている。この身を預かってほしい」と助命を嘆願してきた。

朝綱は平家奉公時代、*平重盛《しげもり》の重臣だった貞能と親しい関係にあった。これを受けて朝綱は鎌倉の頼朝に「貞能を預かりたい」と求めたが、頼朝は承諾しない。

このため朝綱は毅然とした態度で「私が在京し、上（頼朝）の挙兵を聞いて参向しようとした時、内大臣の*平宗盛《むねもり》はそれを許さなかった」「それなのに貞能は私たちを許すよう申し入れてくれたので私は無事に味方として参陣することができた。これは上にとっても功績のある者ということなのです」と迫った。そしてこう付け加えた。

「後日、もし貞能が反逆を企てることがあれば、この朝綱の子孫を永く絶っても構いません」

＊平貞能（？―？）
保元・平治の乱に参戦、以後平清盛の腹心となる。肥後（菊池氏）の反乱を平定。平家滅亡後、宇都宮朝綱を頼った。

＊平重盛（1138―1179）
平清盛の長男。保元・平治の乱で功をあげ内大臣となる。鹿ヶ谷事件後、清盛が後白河法皇を幽閉しようとするのを諫止《平家物語》。

＊平宗盛（1147―1185）
平清盛の子。清盛の没後家督を継ぐが、一ノ谷の戦いで源義経に敗れ、さらに壇ノ浦の戦いで敗れ、近江で斬られた。

『吾妻鏡』は「それで頼朝の許しがあり、貞能は朝綱に預けられた」と解説している。

■特別な「芳心」

朝綱がここまで言って貞能助命の許可を得たことには、何か理由があったのだろうか。

『平家物語』によると東国武士の朝綱らは大番のために上京したが、後に拘束され、平家の都落ちの際に斬られてしまう可能性もあった。

貞能はこの時、朝綱らを領国に戻すよう懸命に訴えて特別な「芳心」を引き出している。

●3代朝綱(上)

1179	平清盛の嫡子重盛没する
1180	朝綱、左衛門権少尉に。大番役で在京
1181	清盛没する
1182	源頼家誕生で朝綱らが護刀献上
1183	平家都落ち。平貞能、都に戻りその後、東国へ
1184	朝綱、宇都宮社務職を安堵(あんど)され、新恩与えられる
1185	平家が滅亡。朝綱、平貞能を預けられる
1194	貞能、益子に安善寺を建立か
1333	貞能「100回忌」供養板碑を建立(安善寺)

益子の安善寺には平貞能の「100 回忌」が取り行われたことを示す板碑が残されている

平貞能が晩年に住み、ここで亡くなったと伝わる安善寺＝益子町大平

京都女子大名誉教授の野口実さんによると、貞能と宇都宮氏は外戚の関係にあった。朝綱は1184年、頼朝から「伊賀国壬生野郷地頭職」の新恩を与えられている。野口さんはこの新恩について「壬生野郷で反乱を起こした前の支配者は貞能の兄であり、貞能と外戚関係にあって『壬生野郷の旧勢力と合意をしやすい人

＊安善寺

浄土宗鶏足山安善寺。平家の武将平貞能は重盛の妹と塩原に来て寺を建て、その後、益子の鶏足山に安善寺を建立したとされる。

栃木県芳賀郡益子町大平202

【交通】真岡鐵道益子駅から車で約25分

平重盛、重盛夫人、平貞能と伝わる墓がある小松寺＝茨城県城里町上入野

物』として朝綱に与えられた」とみている。

貞能の足跡は那須塩原市の妙雲寺にあり、益子町の安善寺*、茨城県の小松寺*などに墓が残されている。各地に残る貞能の伝説は、外戚関係ということもあるが源氏の棟梁から一目置かれ、義理堅くも京都の恩を関東で返した「京武者」朝綱の存在を引き立たせている。

＊小松寺

真言宗白雲山普明院小松寺。小松寺縁起によると、745（天平17）年の開山。小松方以典と改名した平貞能が、行基ゆかりの白雲山普明院に重盛の遺骨を埋葬し、小松寺と名付けて開山したという。

茨城県東茨城郡城里町上入野3912

【交通】JR水戸駅から茨城交通バスで約40分、小松下車徒歩10分

3代朝綱（中）
貞能伝説に見る影響力

平家没落の後、宇都宮3代朝綱《ともつな》を頼って東国に落ち延びていった平家の有力武将平貞能《さだよし》の伝説は、栃木県内だけでなく隣県茨城、さらに仙台にまで広がっている。

このことは、朝綱の下向時期や宇都宮氏の勢力圏が推し量れて興味深い。筑波大名誉教授の山本隆志さんは「貞能が宇都宮氏の勢力圏のどこに行き、どう定着したのかは、朝綱の影響力をみる上で重要だ」と指摘している。

1183年、平家は安徳天皇を奉じて西国へと都落ちをする。『平家物語』によると、九州から戻った肥後守貞能はこの平家本隊とは別れて都に戻り、主君重盛《しげもり》の墓を掘って遺骨を高野山に送り、周辺

妙雲寺にある妙雲禅尼の墓＝那須塩原市塩原

＊妙雲寺

臨済宗甘露山妙雲寺。平家の有力武将平貞能と妙雲禅尼が平家没落の後、塩原に草庵を結んで仏道三昧の生活に入り、これが妙雲寺になったとされる。5月の境内には色鮮やかなぼたんが咲き、ぼたんの寺としても親しまれている。

栃木県那須塩原市塩原665

【交通】JR東北本線西那須野駅からJRバスで約40分、塩原門前下車徒歩3分。または東北自動車道西那須野塩原ICから車で約25分

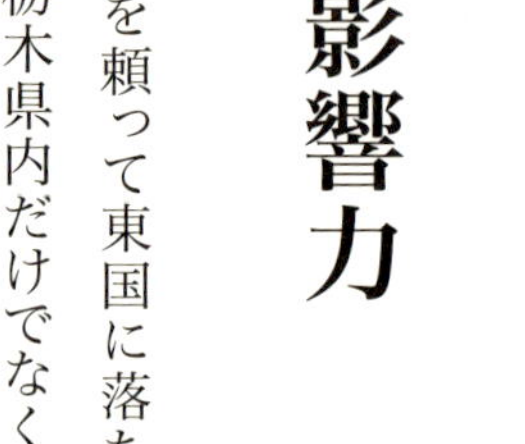

の土を加茂川に流して都を後にした。

「姨母」と塩原へ

貞能は東国にどう入ってきたのだろうか。

茨城県城里町にある平重盛ゆかりの小松寺の史料には「貞能は北陸をまわってまず、宇都宮氏の領地である下野国の塩原に隠れた」とある。貞能が訪れたのは後の塩原*妙雲寺周辺と思われるが、この妙雲寺に関わる記録類を、大田原市の雲巌寺僧が残している。それによると貞能は「重盛の姨母《おば》」を伴って藤原郷から入り、姨母を塩原周辺に置いて一時、この地を去った。保護を求めるため、旧知の宇都宮朝綱のもとに出向いたのだろう。

京都で大番役を担った東国武士の宇都宮朝綱らは、伊豆で源頼朝が挙兵すると京都で拘束されたが、『平家物語』によるとこの時、助命のために尽力したのが貞能だった。山本さんは「朝綱が頼朝に対し、『宇都宮家の存続』まで言及して貞能の身柄を受け入れたのは、親戚ということもあるが、こういう情をかけられた経緯も大きかったのではないか」とみている。

こうして朝綱に保護された貞能は藤原郷に戻って一宇を建て、仏像を安置し「姨母」を住持としたという。これが妙雲禅尼《みょううんぜんに》である。

妙雲寺の創建に関する記録類の調査に当たった山本さんは「重盛の姨母の存在は確認されていないが、記述は全体として信用していい。藤原郷は宇都宮から会津に向かう交通路の要衝であり、宇都宮氏に関係の深い地として文書にも見えている」と説明している。

この妙雲禅尼について、地元研究者の君島栄七《きみじまえいしち》さんは「尼は重盛の妻の妹であり、夫は平治の乱で頼朝の父義朝《よしとも》とともに上皇側に付いて斬首された*藤原信頼《ふじわらののぶより》ではなかったか」と推測している。

＊藤原信頼（1133−1159）
保元の乱後、後白河上皇の信任を得て院別当となる。源義朝と平治の乱を起こし藤原信西を倒したが、平清盛に敗れ処刑された。

益子で生涯全う

貞能は塩原で妙雲禅尼が亡くなるとこの地に埋葬して石碑を建て、益子に向かって安善寺を建立し、住持になったとされる。

安善寺は益子の中心街から北東へ8キロ。桜の名所・鶏足山の麓にある。住職の尾崎雅彦《おざきがげん》さんは「檀家の伝記に、貞能はこの地で92歳で亡くなったとあり、墓の近くに100回忌に建てた記念碑がある。このことから貞能はここで生涯を全うしたと考えられる」と説明する。

ただ貞能の墓は茨城県城里町の小松寺と行方市の万福寺*にもある。

小松寺の説明板によると、貞能は重盛の妻を伴って常陸の小松寺にたどり着いた。そして「ここで重盛の骨を埋葬し、重盛の妻は近くの寺に残って禅尼となり、貞能も剃髪して小松以典《こまついてん》と称した」と記している。裏山の急な坂を上ると、重盛と重盛の妻、貞能とされる3人の墓が雑木林の中に隠れるようにある。

***万福寺**
平家滅亡後、平貞能が源氏の追跡を恐れてこの地に小庵を設けたのが万福寺の始まりと伝えられている。江戸時代の元禄期に徳川光圀の命により現在の場所に移された。仁王門と阿弥陀堂は県指定文化財。
茨城県行方市羽生745
【交通】常磐道千代田石岡ICから車で30分

重盛については行方市の万福寺にも「貞能によって分骨され、貞能も葬られた」という言い伝えが残る。

貞能と伝わる墓は、仙台市西北部の定義如来*西方寺にも残されている。西方寺は作並温泉に向かう途中の山中にあり、休日には名物の「三角あぶらあげ」を求める市民でにぎわう。

西方寺法務部長の梅津《うめつ》義政《よしまさ》さんは「貞能伝説は旧宮城町史や旧秋保町史に記されており、寺には貞能がここに落ち延びて世をはばかり、文字と読みを『定義《じょうぎ》』に変えたと伝わっているのです」と説明する。

貞能伝説がある定義如来西方寺本堂＝仙台市青葉区大倉

＊西方寺

浄土宗極楽山西方寺。平貞能の従臣の後裔が江戸時代に出家し、開創したと伝わる。「定義如来」と呼ばれ、年間100万人の観光客が訪れている。深山渓谷のこの里で、三角油揚げや味噌おでん、味噌おにぎりなどの素朴な味が楽しめる。

宮城県仙台市青葉区大倉字上下1

【交通】JR仙台駅西口から定義行バスで75分終点下車。または東北自動車道・仙台宮城ICから40分

3代朝綱（下）
益子大羽一族の拠り所に

宇都宮家の菩提寺地蔵*院は、宇都宮市から東へ35キロ、益子町上大羽の里山にひっそりとある。

『下野国誌』によると、宇都宮氏3代朝綱《ともつな》は1192年、27歳で早世した嫡子の業綱《なりつな》をここで弔い、老齢に入って自らも隠せいし、83歳で亡くなった。

かつて尾羽寺と称した地蔵院本堂＝益子町上大羽

＊地蔵院

真言宗智山派大羽山地蔵院極楽寺。阿弥陀堂の建立については宇都宮朝綱が奥州征討に参戦した功績によって寄進された説、さらに尾羽で自刃した清水冠者義高を慕った姫が仮庵を結んで菩提を弔っていたのを、憐れんだ源頼朝が阿弥陀堂を建立せしめた説がある。

栃木県芳賀郡益子町上大羽945−1

【交通】真岡鐵道益子駅から車で約15分

近くにある宇都宮家代々の墓に葬られている。「大羽殿」と名乗った業綱の墓も並んである。大阪産業大特任教授の市村高男《いちむらたかお》さんは「益子の大羽はもともと宇都宮氏の重要な拠点であり、朝綱は最初に八田からこの地に入り、その後、宇都宮に進出したのではないか」とみている。

浄土庭園持つ

地蔵院はその昔、尾（大）羽寺と言った。

阿弥陀堂（現本堂）は「朝綱が奥州合戦に参戦した功績によって1193年に寄進された」と寺伝にある。現在の地蔵院の北側に鶴島・亀島を配した「鶴亀の池」、西側に七堂伽藍《がらん》が立ち並ぶ寺院があったという。

足利市教委の大澤伸啓《おおさわのぶひろ》さんによると、寺院跡からは希少な中世瓦が出土しており、平安時代後期とされる阿弥陀如来坐像や勢至、観音菩薩立像の三尊が安置された堂の瓦だった可能性が高い。

中世の浄土庭園は、鎌倉の永福寺《ようふくじ》、大慈寺、足利市の樺崎寺、智光寺などにあったことが、発掘調査から確認されている。大澤さんは

益子・地蔵院に復元された浄土庭園の「鶴亀の池」

朝綱が建てたという綱神社。奥にあるのは大倉神社
＝益子町上大羽

尾羽寺についても「多宝塔跡や尾羽寺跡、宇都宮家廟所と横並びとなって、平地に園池が造られた浄土庭園を持つ寺院だった」と説明している。

その浄土庭園の導水路状の園池から南隣の杉木立の参道を上ると、この地ゆかりの大倉神社*と茅葺き屋根の綱神社*が見える。綱神社は土佐に流罪となった朝綱が「一日も早く帰れるように」と土佐明神に祈願し、程なく許されて帰国できたので、上大羽にも土佐明神を勧請《かんじょう》してできたと伝わる。

『吾妻鏡』の1194年5月20日の記事に「下野の国司行房《ゆきふさ》が宇都宮朝綱、朝廷の公田百余町を掠領《りゃくりょう》したとして朝廷に訴え出た」とあり、有力御家人朝綱が起こしたこの事件は、将軍源頼朝を驚かせた。かすめ取ったとされるのは、朝廷の権限に属する国の直轄領であり、幕府に口出しはできなかった。

そして7月に朝綱は土佐（高知県）へ、

地蔵院の東北に鎮座する綱神社の参道

＊大倉神社
創建は807年と伝えられる。本殿は一間社造で茅葺き屋根。国指定重要文化財。

＊綱神社
地蔵院の東北方の山腹に鎮座する。1194年、朝綱が四国の土佐に配流され、帰還した後に建てられたとみられる。現在の建物は室町時代の再建と伝わる。国指定重要文化財。隣の大倉神社は大羽村の守護神。
栃木県芳賀郡益子町上大羽943
【交通】真岡鐵道益子駅から車で約15分

孫の頼綱《よりつな》は豊後（大分県）に、朝業《ともなり》は周防(山口県)へと流されることが決まる。『吾妻鏡』は、頼朝が「しきりにため息を漏らし、朝綱入道はしかるべき輩であり、関東のためにすこぶる眉目を失う」と嘆いたと伝えている。

頼朝はこの1カ月前、源平合戦で平家に焼き払われた奈良東大寺の復興事業を鎌倉御家人に分担、協力するよう命じている。

宇都宮朝綱が作ったのは大仏の脇に立つ観世音菩薩像で、6万貫という巨費を投じた高さ9メートルの坐像だったという。頼朝はおそらく、朝綱らの流罪でこの東大寺の事業がスケジュール通り進むのかどうか心配でたまらなかったのだろう。

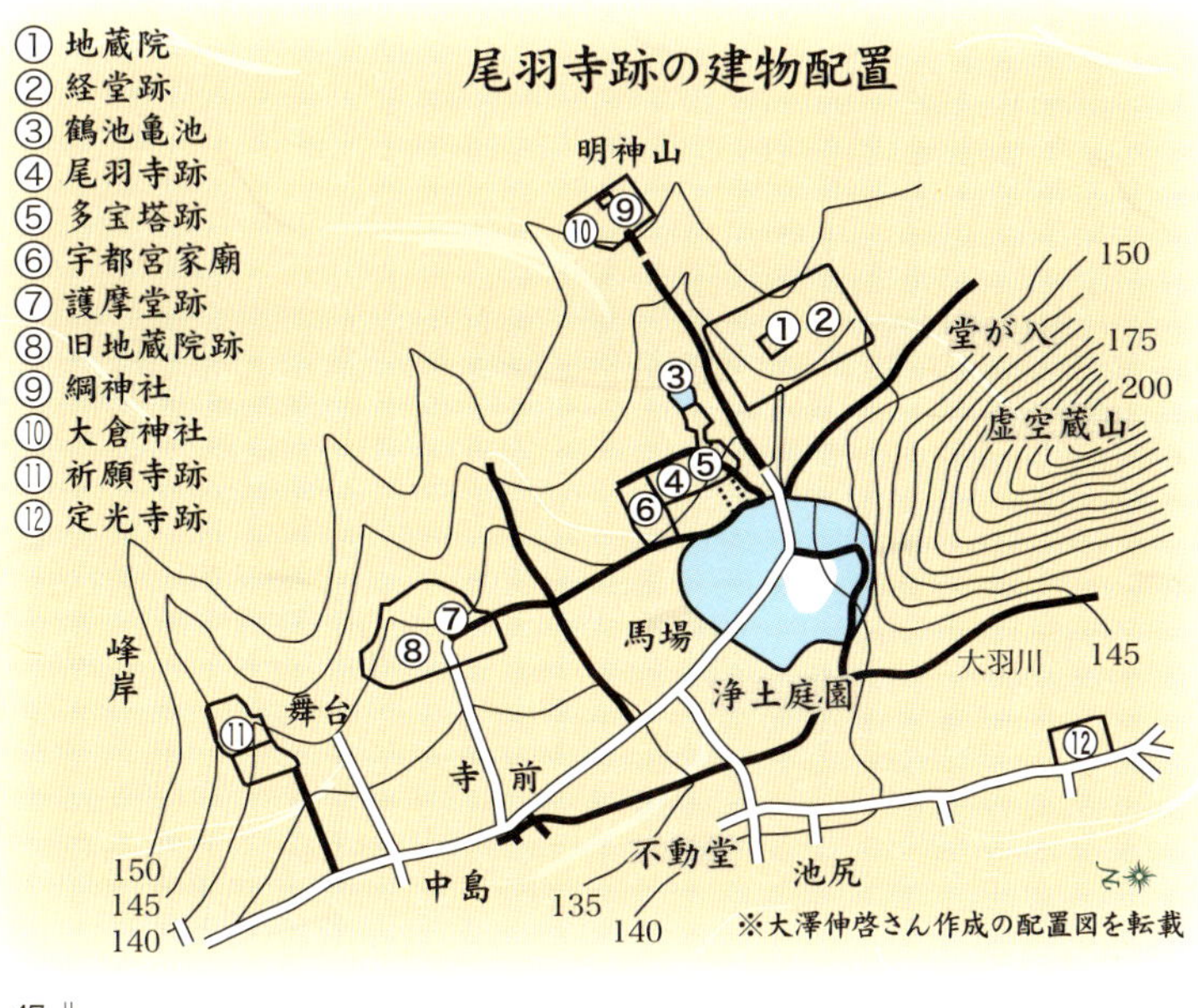

流罪は短期か

しかし朝綱はそんな懸念を振り払うように、大事業をしっかり手がけて、7月に土佐へ流されていった。

流罪になった朝綱を、孫の頼綱が「祖父の配所へ　赴き侍りけるに　中山といふ山を越ゆとて」と和歌で見送っている。

頼綱自身が流罪となった折の和歌は残されていない。このことについて、宇都宮東高校長を務めた歴史研究者石川速夫《いしかわはやお》さんは「この流罪はそれほど長期にわたるものではなかっただろう。孫の頼綱や朝綱の流罪も途中で沙汰やみになったかも知れない」と著書の中で推測している。

高齢の朝綱が造った綱神社は、土佐への配流から帰還できたことを感謝するランドマークになった。宇都宮氏が造った阿弥陀堂は、足利氏が造営した樺崎寺の下御堂と対比して語られている。

大澤さんは「彼らが念仏ざんまいの日々を送り、往生した寺院は、後に一族の精神的な支柱となり、アイデンティティーを継承する場になった」と指摘する。

3代朝綱（下）

1189	源頼朝、奥州平泉に出陣し7月、宇都宮に参詣する
	宇都宮朝綱郎従の紀氏、芳賀氏が8月の阿津賀志山合戦で活躍
	頼朝、奥州合戦の凱旋（がいせん）途中の11月、報賽（ほうさい）のため宇都宮に参詣する
1192	朝綱の嫡子業綱が没
1193	源頼朝、那須野ヶ原で狩り。朝綱、益子上大羽に阿弥陀堂を建立
1194	朝綱、頼朝の東大寺造営で大仏脇侍観世音菩薩造立を割り当てられる
	朝綱、公田横領の罪で7月に土佐に配流となる。頼綱は豊後、朝業は周防へ
1203	朝綱、頼朝弟の阿野全成を預けられる
1204	朝綱、83歳で没する

「東大寺縁起」（奈良国立博物館蔵）。3代朝綱が頼朝の命により造像した東大寺大仏殿の左脇侍・観音菩薩像が見られる。この像は高さ6mもの巨像で、6万貫の費用をかけたと伝わるが、永禄10年の兵火で焼失した

地蔵院像

菩薩二体、名匠快慶作か

栃木県立博物館で開催された「中世宇都宮氏」展では、鎌倉時代初期の仏師*快慶《かいけい》の作とみられる二体の菩薩像が展示されていた。宇都宮氏の菩提寺、益子町上大羽の地蔵院*に安置されていた観音菩薩像と勢至《せいし》菩薩像である。高さ40センチほどの観音菩薩像が両手に往生者の魂を載せる蓮台《れんだい》を突き出し右膝をついて座し、65センチほどの勢至菩薩像は腰をかがめて立っている。

地蔵院住職の高下《たかした》智《ち》空《くう》さんは「これは阿弥陀如来がこの二像を従えて人間世界へ降りていく様を描いた『来迎』の様子を表しているのです」と説明する。

阿弥陀如来に従う二体の菩薩像には、鎌倉初期の仏師快慶の特色

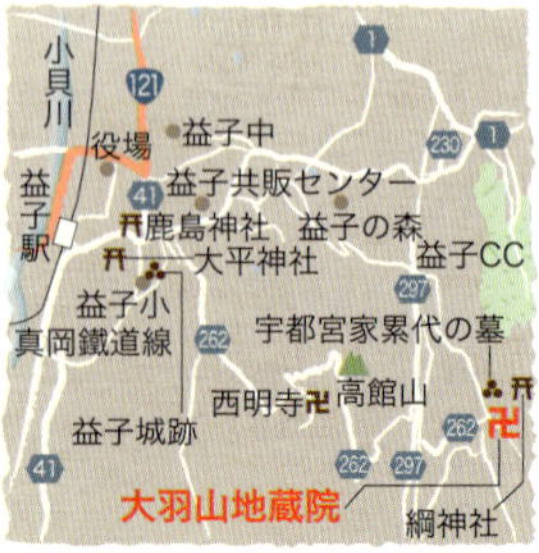

＊地蔵院

真言宗智山派大羽山地蔵院極楽寺。阿弥陀堂の建立については宇都宮朝綱が奥州征討に参戦した功績によって寄進された説、さらに尾羽で自刃した清水冠者義高を慕った姫が仮庵を結んで菩提を弔っていたのを、憐れんだ源頼朝が阿弥陀堂を建立せしめた説がある。

栃木県芳賀郡益子町上大羽945—1

【交通】真岡鐵道益子駅から車で約15分

がはっきりと認められるという。

「眉が目尻に向かって勢いよくつり上がり、上まぶたのラインは目頭では伏せ気味にし、まなじりではつり上がり、見開きの大きな、切長の目になっている。そしてまぶたが膨らんでいる」

二像の調査を進めてきた文星芸大准教授の大澤慶子《おおさわけいこ》さんはこう表現した上で、「これらは快慶作品の特徴であり、造像に快慶が関わった可能性は極めて高い」と指摘している。

朝綱との接点

地蔵院の二像はこれまで、快慶の高弟で事実上の後継者とされる行快《ぎょうかい》*の作という見方があった。しかし行快の作品は、地蔵院像や無位時代の快慶作と比べると、眉目のつり上がりやまぶたの膨らみ、目の見開きがそれほど強くなく、それが沈鬱的で内省的な表情を造りだしている。つまり二像は、行快というよりも、無位時代の快慶、とりわけ前半の作品に通じるものがあるという。

なぜそれほどの慶派重鎮の作品が、益子の地蔵院に安置されていた

＊快慶（?―?）
鎌倉時代初期の仏師。康慶の弟子で運慶とは兄弟弟子。ボストン美術館蔵の弥勒菩薩像、運慶と合作の東大寺南大門の金剛力士像など多数の作品を残す。

＊行快（?―?）
快慶の弟子。京都・大報恩寺の本尊釈迦如来座像、快慶を補佐した長谷寺十一面観音像の再興造営、三十三間堂の千体千手観音などを手がける。

のだろう。

地蔵院の前身、尾羽寺を再興した宇都宮氏3代朝綱《ともつな》は、南都焼き打ち後の東大寺再興で大仏脇侍観音菩薩像の像立をした人物であり、孫の頼綱《よりつな》とともに快慶と接点があったとされる。

益子地蔵院にある
阿弥陀三尊像の脇侍像
「勢至菩薩像」

傍証ともみられる記事が『吾妻鏡』に出ている。

1194年12月19日のくだりに「東大寺別当前の権僧正（勝賢《しょうけん》*）下着す。八田知家《はったともいえ》が宅に招き入れられる」とある。東大寺復興のプロデューサーだった重源《ちょうげん》*を支えていた勝賢がなんと、鎌倉・永福寺《ようふく》の落慶供養に導師として招かれ、宇都宮朝綱の弟八田知家の邸宅に滞在していたのである。勝賢は快慶が造った醍醐寺弥勒《みろく》菩薩像の願主でもあった。

例のない様式

大澤さんはこの事実を挙げた上で「勝賢が快慶と宇都宮氏を結ぶ役割を果たしたのではないか」と指摘している。東大寺再建の中心人物だった重源は「紀氏」の出身であり、紀氏と姻戚関係にある宇都宮氏ともつながりがあった可能性が高いという。

大澤さんは「晩年になって尾羽に隠せいした宇都宮朝綱がこのつながりを生かし、嫡子業綱《なりつな》が没した1192年か朝綱自身が出家した1194年に、自らの極楽往生を祈るために作らせたのではないか」と推測する。

＊勝賢（1138―1196）
藤原信西の子。鎌倉前期の真言宗の僧。東大寺別当となり、重源の東大寺再建を支えた。

＊重源（1121―1206）
鎌倉時代初期の浄土宗の僧。法然に師事。焼失した東大寺を再建した。

この二体の菩薩像は、奈良国立博物館が2017年に開いた特別展「快慶 日本人を魅了した仏のかたち」に出品され、注目を集めた。主任研究員の山口隆介《やまぐちりゅうすけ》さんは「京都や奈良にあるような洗練された仏像が益子の地に伝わるということは、*法然《ほうねん》による浄土教の教えが東国の御家人にまで浸透したことを物語っている。銘文がないため快慶作とは断定できないものの、宇都宮朝綱か孫の頼綱の発願によって快慶ないし彼の弟子により造られた可能性が高い」と指摘している。

片方が座り、片方は立っているという斬新な脇侍のスタイルは、中央の快慶作品には例のない新しい様式だという。清泉女子大教授の山《やま》本勉《もとつとむ》さんは「仮に快慶であるならば、宇都宮氏という東国の御家人の造像であるがゆえに逸脱できたのではないか」とみている。

そうだとすると、*運慶《うんけい》と快慶という慶派巨匠の大作がそろって下野にも残されていたことになる。大澤さんは「それだけの名匠に仏像を作らせた武家が、鎌倉だけでなくこの地にもいた。中世の下野は、そういう有力御家人が存在した地域だったのです」と話す。

＊法然（1133―1212）
鎌倉初期、「南無阿弥陀仏」と念仏を唱えれば、死後は平等に往生できるという専修念仏の教えを説き浄土宗を開祖。「選択本願念仏集」などを著す。

＊運慶（?―1223）
平安後期から鎌倉初期の仏師。父康慶とともに荒廃した奈良諸大寺の復興、造仏につくす。慶派の中心的仏師として活躍。豪放な力強さと写実的な新しい作風の運慶様式（鎌倉新様式）を築いた。円成寺大日如来像、快慶との共作の東大寺南大門仁王像などがある。
下野に残されていた運慶作の仏像は、足利の樺崎寺にあったとされる大日如来坐像。

益子地蔵院の脇侍像
「観音菩薩像」

一族　寒河尼

頼朝方へと小山氏導く

小山市網戸の思川右岸にある称念寺*には、鎌倉幕府を開いた源頼朝の乳母寒河尼《さむかわのあま》の墓と伝わる五輪塔がひっそりと立っている。

寒河尼は宇都宮氏出身で、小山政光の妻となり、下野国で女地頭となった。小山家現当主の小《お》山《やま》文《ふみ》子《こ》さんは「かつてこの辺に寒河尼の居館があったとされ、小山市長の発案で毎年、命日の2月4

寒河尼と網戸一族の墓と伝わる称念寺の五輪塔
＝小山市網戸

＊称念寺
1190年創建。浄土宗の寺。室町時代には梶尾氏の菩提寺となる。
栃木県小山市網戸2030
【交通】JR宇都宮線間々田駅から車で約13分

日に地元の人々と墓参し、ゆかりのある網戸神社にも参詣しているのです」と説明する。京都に生まれ、貴族社会の教養を備えた女性だったようだ。

『吾妻鏡』1187年12月1日の記事に「女性といえども大功ある」として頼朝から「寒河郡と網戸郷を与えられた」とある。どんな「大功」だったのだろう。

息子連れ面会

頼朝は、後白河《ごしらかわ》法皇の皇子以仁王《もちひと》*が1180年4月に発した平家追討を命ずる令旨を受けて8月に挙兵する。

石橋山の戦いで敗れた後、安房（千葉）に逃れて軍を立て直し、上総、下総を勢力下に置いた頼朝軍3万騎は大井・隅田川を渡って2カ月後、武蔵に入った。

『栃木県史』によると、北関東勢は佐竹《さたけ》氏ら常陸武士団、下野の藤姓足利氏が不穏な動きをみせ、上野の新田義重《にったよししげ》*は自立の道を模索していた。いずれも頼朝の背後を脅かす存在だった。

＊以仁王（1151—1180）
後白河天皇の第3皇子。源頼政の勧めで諸国の源氏に平家追討の令旨を下し挙兵したが戦死。

＊新田義重（1135—1202）
源義国の子で新田氏の祖。上野国新田荘の領主。1180年の源頼朝挙兵の際に独自の動きをみせて頼朝への帰属が遅れたことなどから、鎌倉幕府では重用されなかった。

そんな中、武蔵隅田宿に入った頼朝を訪ねたのが、京都時代の頼朝の乳母で、下野小山氏の妻となっていた寒河尼だった。彼女は、最愛の末息子（後の結城朝光《ゆうきともみつ》）を連れて頼朝に面会を求めた。

10月2日の『吾妻鏡』には「故八田《はった》（宇都宮氏2代）宗綱《むねつな》の息女が末子の『昵近奉公《じっきん》』を願い出、これを喜んだ頼朝が14歳の末子を召し出し、その場で元服させて自らの烏帽子《えぼし》と実名の『朝』の字を与えた」と記されている。この時、寒河尼の夫小山政光は大番役として在京中だった。

こうした中、頼朝の叔父で常陸に本拠を持つ志田義広《しだよしひろ》が頼朝に反旗を翻した。義広は保元の乱で処刑された源為義《ためよし》の子であり、頼朝の父義朝《よしとも》の弟に当たる。『吾妻鏡』によれば、義広はすでに藤姓足利《あしかが》忠綱《ただつな》とも連携していて、小山氏にも参陣を求めていた。小山氏がこれに応じれば、頼朝には大きな脅威になる。20歳代半ばと若い小山氏の嫡子朝政《ともまさ》の去就が注目された。

『栃木県史』はその朝政の置かれた状況を「父政光の不在で手持ち

一族 寒河尼

1180	源頼朝、平氏打倒の挙兵
	寒河尼、末子を同道し陣中の頼朝に拝謁
1183	小山朝政らが野木宮で頼朝方として志田義広と戦う（81年説もあり）
1187	頼朝、寒河尼に寒河郡と網戸郷を与える
1189	奥州平泉の合戦に向かう頼朝が、宇都宮で戦勝祈願
1228	寒河尼、91歳で没する

の兵力はわずかであり、義広に賛同すれば母寒河尼の意に背き、与同を拒めば志田軍主力の攻撃を一身に受けなければならない」と解説している。

しかし朝政は、しだいに頼朝への忠節に傾いていく。そして義広に従うふりをして、油断した義広を急襲するという計略をめぐらす。自ら館を出て南方の野木宮に陣を敷き、途中の登々呂木沢、地獄谷に兵を置いて3万を超えるという志田軍の進軍を待ち、時の声を上げさせて混乱させ、奇襲をかけた。

春一番で辛勝

これが『栃木県史』では1183年2月とされる野木宮合戦である。

野木宮の南西にいったん陣を引いた志田軍に対し、小山氏などは東側に陣取った。頼朝方には朝政のほか弟宗政《むねまさ》、宇都宮朝綱《ともつな》の弟の八田知家《ともいえ》、宇都宮信房《のぶふさ》、佐野氏らが付き、頼朝の弟範頼《のりより》も駆けつけた。宇都宮朝綱はこの時、平家によって京に留め置かれていたためか、『吾妻鏡』には出てこない。

＊野木神社

平安時代の征夷大将軍坂上田村麻呂が詣で、勝ちどきを上げたとされる。田村麻呂は、その礼に社殿を建てたと伝わる。源頼朝が田地を寄付するなど源氏の信仰が篤い。奇祭「提灯もみ」は約800年前から伝わる伝統行事。

栃木県野木町野木2404

【交通】JR宇都宮線野木駅から車で約10分。または古河駅から車で約7分そして始まった合戦では春の嵐が頼朝方に幸いしたとされる。*野木神社宮司の海老沼《えびぬま》尭《たかし》さんは「遊水地に放たれた火が南東からの春一番によって燃え広がり、風下の志田軍が視界を失って右往左往しているところに頼朝方が攻め入り、辛くも勝つことができたのです」と解説する。

志田義広はこの敗戦の後、木曾義仲《きそよしなか》のもとに身を寄せ、志田軍と連携した足利忠綱は西海に逃れたと伝わる。これを契機に、東国では頼朝に対抗する勢力はいなくなった。

『栃木県史』の筆者で日本女子大名誉教授の永《なが》村眞《むらまこと》さんは「下野国衙《こくが》の有力在庁官人である小山氏の頼朝軍参陣は、下野武士に大きな影響を与えた。一連の寒河尼の行動が、寒河郡、網戸郷の地頭職につながったのは間違いない」とみている。

野木宮合戦の舞台になった野木神社＝野木町野木

造詣の深さ、異彩放つ存在

宇都宮氏は武士にとどまらず、宗教、文化に大きな足跡を残した氏族だった。これは２０１７年秋に栃木県立博物館で開催された「中世宇都宮氏」展に並んだ多くの仏像をみても、異彩を放つ存在だったことが分かる。ここではその「宗教と文化」を取り上げる。

歴代の当主は宇都宮社（現宇都宮二荒山神社）と併せて創建された神宮寺、「氏寺」だった益子の尾（大）羽寺、京都の三鈷寺往生院、善峰寺などを通してさまざまな信心を持った。

奈良・東大寺大仏の脇侍である観音菩薩像の造立など、東大寺への寄進が数多くある。京都東山の広大な寺地をぽんと寄進し、天皇家の菩提寺だった泉涌寺を造らせたのは豊前宇都宮氏の祖だった。

出家して蓮生《れんしょう》と名乗った5代頼綱《よりつな》は、同じ法然《ほうねん》門下である親鸞《しんらん》の関東入りに関与していた可能性が高い。そして鎌倉時代の歌人藤原定家《ふじわらのていか》とも深く交流し、そこから「小倉百人一首」が生まれている。

一族にも宗教・文化に造詣の深い人物が多い。「中世宇都宮氏」展の展示場中央にひときわ目立つ大型の薬師如来立像（茨城県・岩谷寺蔵）があったが、これは蓮生の甥《おい》笠間時朝《かさまときとも》が造立の願主になっている。彼の造仏活動は、御家人の中でも際立っていた、という。

蓮生と信生①

没落危機 小山氏が救う

宇都宮氏5代頼綱《よりつな》は、鎌倉幕府の初代執権北条時政《ほうじょうときまさ》*の娘を妻とした。足利氏2代義兼《よしかね》*の正室となった時子《ときこ》と同様に、北条政子《まさこ》の妹を嫁にした。この婚姻について大阪産業大特任教授の市村高男さんは「頼綱の父業綱《なりつな》が若くして死去したことを考えると、祖父朝綱《ともつな》が深く関与していたのは間違いない」とみている。

祖父の朝綱、父業綱が妻にしたのは京都の女性だった。しかし頼綱の時代になると、鎌倉幕府の有力御家人の娘を迎えている。頼綱はまず秩父平家一族の稲毛重成《いなげしげなり》の娘を妻にして長男時綱《ときつな》（上条氏）が生まれ、次に源頼朝の参謀格だった梶原景時《かじわらかげとき》*の娘を妻に迎えて次男頼業《よりなり》（上三川氏、横田氏、壬生氏の祖）をもうけた。そして北条

＊**北条時政**（1138―1215）
源頼朝の妻政子の父。頼朝の挙兵を助けて鎌倉幕府幕府創設に貢献。頼朝の死後、2代将軍頼家を廃し実朝を擁立、鎌倉幕府初代執権となる。

＊**足利義兼**（1154―1199）
1180年源頼朝の挙兵に参じ平氏追討、奥州藤原氏征討に活躍。頼朝の信頼厚く、北条時政の娘時子（政子の妹）を妻とした。鑁阿寺は義兼の居館の一角に、持仏堂を建てた事が始まりと伝わる。

時政の娘との間には嫡子泰綱《やすつな》と宗朝《むねとも》（多功氏）が誕生している。祖父朝綱にしてみれば、頼朝亡き後の宇都宮家の安定のためには、有力御家人や新権力者・北条氏との縁組が必須と考えたのだろう。

ところが『栃木県史』によると、このような婚姻関係が後々に頼綱の危機を生み出すことになる。

1199年、義父の梶原景時は御家人66人の弾劾を受けて没落。頼綱の3人目の妻は、北条時政と後妻牧《まき》の方との間に生まれた娘だったが、この牧の方が企てた陰謀の中で稲毛重成が連座して滅ぼされ、陰謀を察知した北条政子らによって時政夫妻は失脚し、上伊豆に幽閉されてしまう。

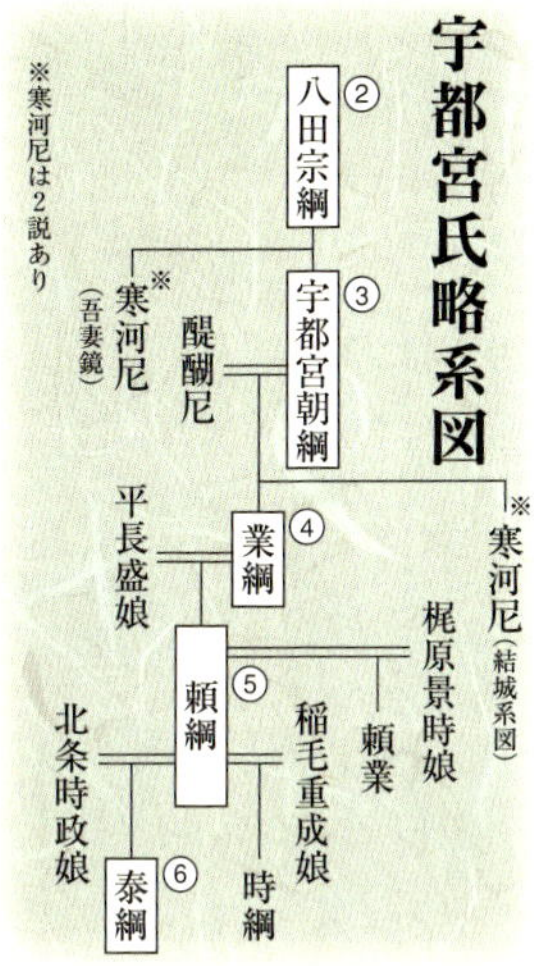

朝政出陣辞退

この政治変動が、牧の方の婿である宇都宮頼綱にも危機をもたらすことになる。『吾妻鏡』による

＊**梶原景時**（？—1200）
もともと平氏方だったが1180年石橋山の戦いで源頼朝を救い重用された。源義経とともに木曽義仲を討ったが、その後義経を失脚に導いた。頼朝死後、頼家に結城朝光を讒言して御家人の反発を受け失脚。

と、この直後に「頼綱が一族を連れて鎌倉に向かっている」として、鎌倉の北条政子の屋敷に*北条義時《よしとき》、*大江広元《おおえのひろもと》らが集まり、対応を協議している。

評議の後、小山朝政《おやまともまさ》が呼ばれ、広元が以下のように促した。

「宇都宮頼綱が将軍家（源実朝《さねとも》）を滅ぼそうと考えているそうだ。小山朝政は先祖の*藤原秀郷《ふじわらのひでさと》が恩賞をもらって以来、下野国を守っている。頼綱のおごりを退けるべきだ」

これに対して小山朝政は次のように答えている。

「頼綱とは縁戚の誼《よしみ》があるので、征伐の大将は受けられない。ですから他の人に命じていただきたい。ただし私は頼綱に与《くみ》せず防戦するつもりです」

朝政はこう言って、出陣を辞退した。「縁戚の誼」について栃木県立博物館学芸部長の江田郁夫さんは「具体的には宇都宮氏出身の寒《さむ》河尼《かわのあま》が小山政光《まさみつ》の妻となり、朝政らの母となったことを指している」と解説する。

＊北条義時（1163―1224）
北条時政の子。2代執権となり、和田義盛を討ち侍所別当を兼ねる。3代将軍源実朝が暗殺された後、姉政子とともに幕政を支えた。1221年の承久の乱で討幕軍を破り、後鳥羽上皇を配流。

＊大江広元（1148―1225）
源頼朝に招かれ公文所、政所別当となり、草創期の幕府の発展に尽くした。守護・地頭の設置を進言。

寒河尼の存在

宇都宮頼綱はこの後すぐ、北条義時に「謀反をたくらんではいない」とする弁明書を提出し、下野国で郎従60余人とともに出家し、蓮生《れんしょう》と名乗った。

宇都宮蓮生（5代頼綱、京都・三鈷寺蔵）

＊**藤原秀郷**（？—？）
平安時代中期の豪族下野守。天慶の乱には平貞盛とともに平将門を追討。小山・結城氏らの祖。

そして鎌倉に向かい、義時の屋敷に行ったが、対面はかなわなかった。このため縁戚の結城朝光《ゆうきともみつ》を通して、出家した証しである自らのまげを義時に献上した。義時は、朝光が丁寧に取り次いだまげを見た後、朝光に預け置いたという。

宇都宮氏は事件の直前に常陸（茨城県）の笠間に進出し、所領拡大を図っていた。歴史研究者の石川速夫さんは「このことが幕府に軍事行動と誤解されたのかもしれない」と著書に記している。

こうして宇都宮頼綱は小山朝政、結城朝光兄弟による懸命のとりなしで最大の危機から救われた。小山氏兄弟が必死の弁護を行った背後には、存命だった彼らの母寒河尼の存在を指摘する研究者も少なくない。

寒河尼の出自については『吾妻鏡』が八田《はった》（宇都宮氏2代）宗綱《むねつな》の娘としているが、江田さんは結城氏子孫の系図などを根拠に「3代朝綱の娘ではないか」と推測している。宗綱の娘ならば、小山3兄弟と宇都宮頼綱は従甥《はとこ》の関係になるが、『吾妻鏡』は政光の実子に近

＊**大念寺**
室町時代後期に開かれた浄土宗の仏教寺院。像の拝観は要予約。
京都府乙訓郡大山崎町大山崎上ノ田69
【交通】JR京都線山崎駅から徒歩10分。または阪急京都線大山崎駅から徒歩10分

い「猶子」とも表現している。

江田さんは「小山兄弟と頼綱は、兄弟に近い、いとこという『縁戚の誼』があったからこそ、宇都宮氏は没落を逃れることができた。小山、宇都宮の両家を結ぶかすがいになったのが寒河尼だった」とみている。

結縁者に宇都宮蓮生の名が見える浄土宗西山派ゆかりの阿弥陀如来立像（京都・大念寺蔵）
*

法然ゆかりの二尊院には亀山天皇など3帝の陵がある

蓮生と信生②

師法然の遺骸を守る

下野国出身の慈覚大師円仁《えんにん》建立と伝わる天台宗の名刹二尊院*は京都嵯峨、小倉山の麓にある。

住職の羽生田《はにゅうだ》実隆《さねたか》さんは「嵯峨《さが》上皇など皇室とのつながりの深い寺ですが、しばらく荒廃した時期があり、寺に庵《いおり》を造って再興させたのが法然《ほうねん》上人なのです」と説明する。

平安末期の僧法然は「阿弥陀如来の慈悲を信じ切ってひたすら念仏を唱えれば誰でも成仏できる」と説いたので、彼の開いた浄土

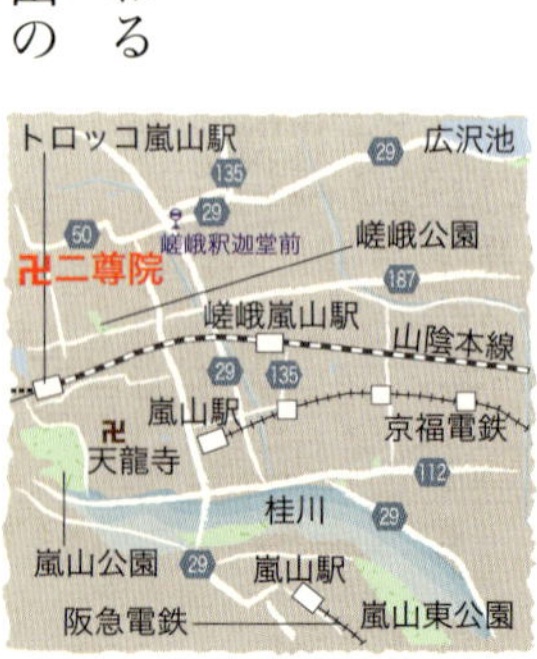

＊二尊院

二尊院の名は本尊の「発遣の釈迦」と「来迎の阿弥陀」の二如来像に由来。平安初期、嵯峨天皇の勅により円仁が建立したと伝わる。鎌倉初期に法然らによって再興された。

京都市右京区嵯峨二尊院門前長神町27

【交通】京都駅から市バス28番で約50分、嵯峨釈迦堂前下車徒歩10分。または京福嵐山本線嵐山駅下車徒歩15分。また

宗は貴族だけでなく、民衆の心を捉えて急速に広まった。日本女子大名誉教授の永村眞さんは「古くから南都・北嶺（奈良と比叡山など）に広まった浄土教は、専修念仏を掲げて『浄土宗』を立宗した法然の登場で大きく変化を遂げた」と語る。鎌倉幕府から謀反の嫌疑を受けて出家した宇都宮蓮生《れんしょう》（5代頼綱《よりつな》）は、その法然に帰依した東国武士の一人である。

しかし教団が大きくなって専修念仏の教えが広まると、曲解して伝える弟子もいて、ほかの仏教各宗から反発が出るようになる。京都・知恩院蔵の国宝『法然上人行状絵図』によると、このため比叡山や興福寺の僧たちが念仏停止を朝廷に訴えることが度々あった。

念仏が禁制に

1206年、法然の弟子が後鳥羽《ごとば》上皇の怒りを買う事件を起こしたこともあって、とうとう念仏が禁制となり弟子は処刑、75歳の法然は責任を問われて四国に流罪となり、高弟の一人親鸞《しんらん》も越後に流された。

は JR山陰本線嵯峨嵐山駅下車徒歩20分

２０１７年秋、栃木県立博物館の「中世宇都宮氏」展に出品された国重要文化財『法然上人像（足曳御《あしびきの》影）』（二尊院蔵）は、旅支度をし、二尊院の庵で入浴後にくつろぐ法然の姿を、支援者がひそかに絵師に描かせた国内最古の作品とされる。二尊院住職の羽生田さんは「当時の二尊院は上人の説法を聴く道場であって、肖像画はその上人が流される前日の姿が描かれたものとも言われている」と解説する。

法然は１年ほどで赦免になるが、京の都へ戻ることは許されず、摂津（大阪府）の勝尾寺に３年間とどまった。宇都宮蓮生は１２０８年の晩秋にその勝尾寺の法然を訪ね、念仏往生について教えを受けている。

しかし法然はこの３年半後、洛中で亡くなってしまう。このため宇都宮蓮生は法然の高弟証空《しょうくう》*に師事し、西山に草庵《そうあん》（後の三鈷寺）を結んでひたすら念仏を唱えたという。

法然に対する風当たりは没後も弱まらなかった。１２２７年、浄土宗を敵視する延暦寺宗徒によって、京都

***証空**（１１７７―１２４７）
浄土宗西山派の祖。法然の高弟で西山国師・西山上人と呼ばれる。

***塩谷朝業（信生）**（１１７４―１２３７）
下野国塩谷荘の領主であり鎌倉時代の歌人。兄蓮生らとともに宇都宮歌壇の基礎を築く。『新式和歌集』、『新勅撰集』に入集。

法然の遺骸が運び込まれた二尊院（京都市右京区嵯峨）

大谷の廟所が破壊された。念仏者の心の拠《よ》り所である墓を暴いて、遺骸を鴨川に流そうとする企てがあったという。浄土宗門徒はこれを察知して、遺骸をゆかりのある二尊院に運び込んだ。総勢1千人余りの隊列を組んで遺骸を護衛した中に宇都宮蓮生と弟*信生《しんしょう》（塩谷《しおのや》朝業《ともなり》）の姿がある。

物々しい隊列

「中世宇都宮氏」展に出品された『法然上人行状絵図 巻42』（京都 知恩院蔵）は、この「嘉禄《かろく》の法難」の物々しい警護の場面を、迫力ある筆致で描いている。先頭を行く法体姿の蓮生は、見るからに勇ましい。「師法然の遺骸には指一本触らせない」という気概を感じさせる。

※表紙カバー参照

法然の遺骸を護送する宇都宮蓮生と弟信生を描いた国重要文化財の「拾遺古徳伝 巻 9」
（茨城県・常福寺蔵）

＊拾遺古徳伝

古徳とは法然を指しており、「拾遺古徳伝」は法然伝の遺漏を拾遺した伝記という意味だという。栃木県立博物館によると、実際には、親鸞が法然の正統な後継者であることを示す挿話を中心に構成されており、真宗側の立場による法然伝という性格が強い。

国重要文化財の『＊拾《しゅう》遺《い》古《こ》徳《とく》伝《でん》 巻9』（茨城県・常福寺蔵）も同じようなシーンを描いているが、こちらは法衣の上に武装をしている。親鸞が法然の正統な継承者であることを示す挿話を中心に構成されており、「浄土真宗側の法然伝」という性格が強いという。

栃木県立博物館特別研究員の本《ほん》田《だ》諭《さとし》さんは「『嘉禄の法難』は浄土宗にとって極めて大きな出来事であり、これらの作品は、迫害を受けながらも浄土宗は滅びなかったのだと、強くアピールしている。宇都宮蓮生と信生は、その護衛の列の中心に描かれており、有力門徒だったことがよく分かる」と解説する。

法然の遺骸は二尊院に5日間安置された後、別の寺を経て京都西山で荼毘に伏され、知恩院などに分骨されたという。羽生田さんは「高弟の＊湛《たん》空《くう》が二尊院にも持ち帰ったと伝わりますが、どこに埋葬されたのかはっきりしないのです」と話す。

●蓮生と信生②

1205	頼綱、謀反の嫌疑により出家。蓮生と名乗る
1207	法然が四国へ、親鸞は越後へそれぞれ流罪に
1208	蓮生、法然上人の弟子になると伝わる
1212	法然、京都大谷で没する
1214	蓮生、三井寺の復興事業を担う
1219	将軍実朝、鶴岡八幡宮で暗殺される
1221	承久の乱
1227	蓮生と信生、法然の遺骸を護衛し二尊院に運び込む

＊**湛空**（1176−1253）
鎌倉初期の浄土宗僧。法然の死後、二尊院で教えを広め、嵯峨門徒とよばれた。

蓮生と信生③

歌の友　実朝を悼み出家

ＪＲ矢板駅から西に２・６キロ、矢板市館ノ川にある塩谷《しおのや》氏の菩提寺長興寺《＊ちょうこうじ》の入り口に、鎌倉幕府の３代将軍源実朝《さねとも》と宇都宮頼綱《よりつな》（蓮《れん》生《しょう》）の弟塩谷朝業《ともなり》（信生《しんしょう》）の親密さをうかがわせる歌碑が立っている。

「塩谷朝業顕彰会」の生誕８００年記念誌によると、朝業は塩谷氏５代朝義《ともよし》に跡取りがいなかったため宇都宮家から養子に入った。長興寺住職の細川準道《ほそかわじゅんどう》さんは「頼綱が謀反の疑いで失脚した後は兄に代わって幕府に出仕し、実朝のそば近くで仕えて厚い信任を得ていたのです」と説明する。宇都宮一族には蓮生や朝業の次男の笠間《＊かさま》時朝《ときとも》など歌人が多いが、朝業の歌は特に注目度が高い。

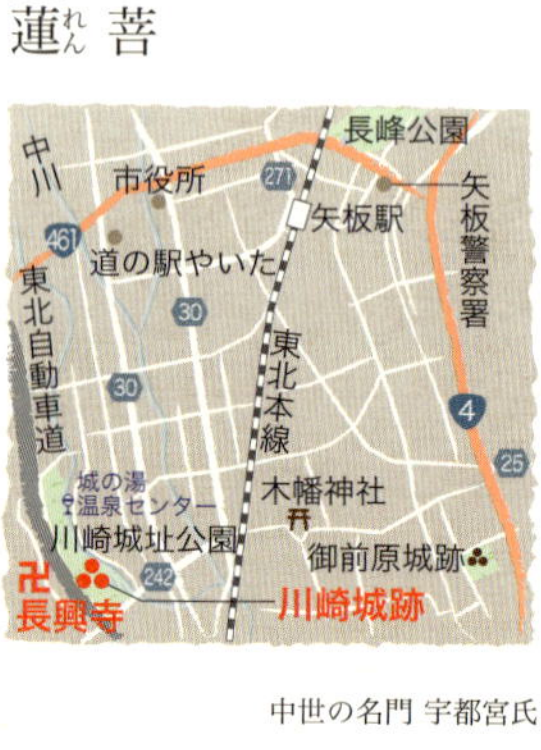

＊長興寺

曹洞宗塩谷山長興寺。川崎城跡の西方、金山山麓に位置し、川崎城を築城した塩谷朝業（信生）によって鎌倉初期に開かれた。寺号も朝業の法名「長興信生大禅定門」にちなみ長興寺とした。塩谷家から寺領と保護を受け、塩谷家歴代の菩提所となった。

栃木県矢板市館ノ川３９０

【交通】JR東北本線矢板駅から市バスで約7分、城の湯温泉

将軍源実朝と塩谷朝業の和歌が刻まれている長興寺の歌碑＝矢板市館ノ川

歌碑は『吾妻鏡』１２１２年２月１日の記事にある将軍実朝と朝業のやりとりを刻んでいる。この日の早朝、鎌倉の自邸にいた朝業に和歌一首と紅梅の小枝の贈りものが届いた。

「君ならで　誰かに見せむ　わが宿の棟端に匂う　梅の初花」（あなた以外の一体、誰に見せましょうか。私の家の軒端で匂う、今年初めて梅の花を）

センター下車徒歩15分。または矢板駅から車で約15分

＊**笠間時朝（藤原時朝）**（１２０４―１２６５）

塩谷朝業の次男で笠間氏の祖。宇都宮歌壇で活躍。「続後撰和歌集」勅撰集に入歌。

使いの武士は送り主を告げずに立ち去ろうとした。朝業はこれを追って次の一首を武士に託している。

「うれしさも　匂いも袖に余りけり　我がためにおれる　梅の初花」（着物の袖にあまるほどのよい匂いとうれしさをいただきました。私のために折って下さった梅の花から）

たまたま風邪をひいて出仕を取りやめていた朝業は『これは将軍実朝様から下されたものだ』と察し、感激してこの返歌を奉じた。

君臣超えた関係

実朝は京の文化に傾倒する才能豊かな歌人だった。「顕彰会」の記念誌によると12歳で将軍職に就き、13歳で足利氏2代義兼《よしかね》の娘との縁談を断って公家の娘をめとっている。そして14歳にして和歌12首を詠んだ。歌人藤原定家*の指導を受けていたことが知られている。筑波大名誉教授の今井雅晴《いまいまさはる》さんは「そのための素地をつくったのが朝業ではなかったか」と推測する。

朝業の兄宇都宮頼綱の失脚には、1205年にあった北条氏の内

＊**藤原定家**（1162―1241）
鎌倉初期の歌人。『新古今和歌集』、『新勅撰和歌集』、『小倉百人一首』を撰した。『明月記』、『拾遺愚草』『詠歌大概』などを著し、研究者として大きな足跡を残した。

紛が大きく影響したとされる。

初代執権時政《ときまさ》の前妻の子義時《よしとき》と政子《まさこ》、政子の産んだ実朝のグループと、時政と後妻牧《まき》の方、その実家および娘婿が対立した。宇都宮頼綱は時政と後妻のもう一人の娘の婿だったらしく、勝者の義時らから「反逆者」とみられてしまったようだ。

頼綱は小山氏兄弟の懸命の取りなしで窮地を脱し、これ以降、宇都宮氏は頼綱に代わって弟塩谷朝業が幕府に出仕している。

朝業は実朝より18歳も年長の優れた歌人であり、君臣の関係を抜きにした「歌の友」として愛された。しかし実朝は1219年、鶴岡八幡宮の庭先で、甥の公暁《くぎょう》に暗殺されてしまう。

幼子を残し京へ

心を通わせた朝業は傷心のまま故郷に戻り、実朝の霊を弔うために出家することを決意する。矢

●蓮生と信生③

1205	北条氏の内紛（牧氏事件）
	宇都宮頼綱、謀反の嫌疑により出家
1212	将軍源実朝、塩谷朝業に和歌一首を贈る
1219	将軍実朝、鶴岡八幡宮で暗殺される
	しばらくして後、朝業出家。信生と名乗る
1221	承久の乱
1227	蓮生と信生、法然の遺骸を護衛し二尊院に運び込む
1248	信生、京都で客死か

川崎城跡に立つ歌碑。朝業と幼い娘とのやりとりが、訪れる人の涙を誘う＝矢板市川崎反町

板市西部の川崎城には母を亡くした8歳の幼女と7歳の男の子がいた。朝業は幼い子を残して出家することに心が揺らぐが、妻の七回忌の後、思いを断ち切るかのように京都に向かった。

*川崎城跡の歌碑に朝業と幼い娘とのやりとりが刻まれている。

幼い娘が「うらめしや　たれをたのめと　すててゆく　われをおもえば　とくかえりこよ」と早々の帰国を求めている。

これに対し朝業は「はぐくみし　母もなきすのひとり子を　みすてていかがかへらざるべき」（母もいない独りぼっちの大切なお前を見捨てて、どうして帰らずにいられるだろう。

＊川崎城跡

平安時代末から戦国時代にかけての約４００年間、塩谷地方北西部を支配した「塩谷氏」の本拠地。城跡は南北約１５００ｍ、東西３４０ｍに及ぶ。矢板市指定史跡。

栃木県矢板市川崎反町７２０－１

【交通】JR東北本線矢板駅から市バス川崎城跡公園前下車。矢板駅から車で約15分

必ず帰るよ）と返している。

朝業は、後ろ髪引かれる思いを断ち切って京都に向かい、既に出家していた兄蓮生（頼綱）とともに、法然の高弟証空《しょうくう》の門弟になり、信生という法名を与えられた。

塩谷氏の後裔《こうえい》はその後、天下を掌握した豊臣秀吉によって改易され、小高い丘陵の上に建っていた川崎城は廃城となった。三の丸跡には東北自動車道がかかり、西側の堀も一部が壊されている。「顕彰会」の記念誌によると、子孫は親戚の佐竹氏を頼って秋田に移り住み、佐竹氏を支えた。その『塩谷正系譜』には朝業が「宝治２（１２４８）年、京都において客死した」とある。75歳だったという。

塩谷氏の菩提寺・長興寺にある塩谷氏の墓
＝矢板市館ノ川

蓮生と信生④

定家と交わり歌壇創設

宇都宮氏5代頼綱《よりつな》が京都で隠棲《いんせい》生活に入ったのは、承久の乱（1221年）の5年後とされる。頼綱は、北条《ほうじょう》氏親子の政争に巻き込まれるのを避けようと28歳で出家し、妻と離別した。

心中を案じた弟塩谷《しおのや》朝業《ともなり》（信生《しんしょう》）の和歌と頼綱の返歌が、『新式和歌集』のほか『続千載集』にもある。

頼綱は「いまさらに　別ると何か思うらむ　われこそさきに　家は出しか」と返している。

頼綱の妻は、政争に敗れた初代執権北条時政《ときまさ》夫妻の娘とされ、『宇都宮市史』は「妻を離縁することによって時政の陰謀とは無縁で、潔白であることの証しにしようとした」とみている。

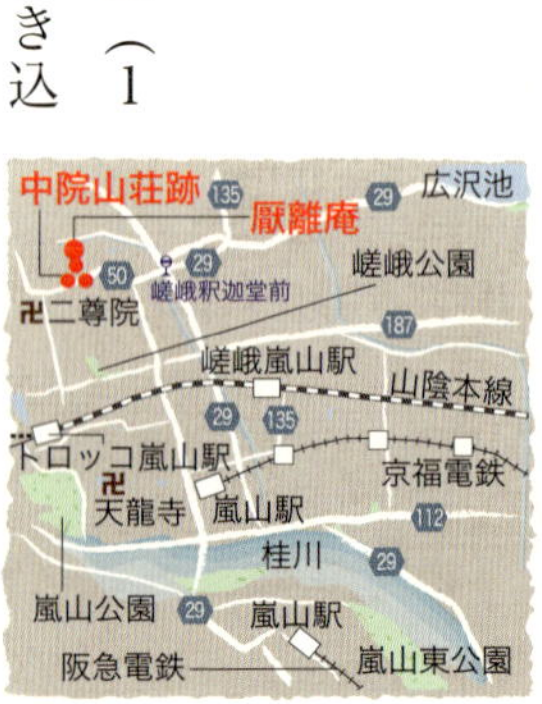

＊中院山荘跡

この地に山荘を営んだ蓮生は、山荘の障子に貼る色紙和歌の選定・執筆を親交が厚かった藤原定家に依頼した。「小倉百人一首ゆかりの地」ともいわれている。

京都市右京区嵯峨二尊院門前北中院町

【交通】京都駅から市バス28番で約50分、嵯峨釈迦堂前下車徒歩8分。または京福嵐山本線嵐山駅下車徒歩17分。また

宇都宮蓮生の「中院山荘」跡。後方に小倉山が見える。
近くに藤原定家の山荘「時雨亭」があったという＝京都市右京区嵯峨

出家して蓮生《れんしょう》と名乗った頼綱の京都の居所について、市史は現在の錦小路と富小路の交差地点にあった宇都宮邸、洛南にあった蓮生寺、さらに京都北西部の小倉山麓にあった嵯峨*中院山荘の3カ所を挙げている。

中でも嵯峨中院山荘は、『小倉百人一首』*が生まれるきっかけとなった蓮生の山荘として知られる。

はJR山陰本線嵯峨嵐山駅から徒歩18分

＊小倉百人一首
藤原定家が、天智天皇・持統天皇など百人の歌人から一首ずつ歌を集めた秀歌撰。栃木県立博物館によると、「百人一首」は定家が晩年、すでに完成していた「百人秀歌」を草稿として編んだと考えられる。

その中院山荘は、二尊院近くの尼寺*「厭離庵《えんりあん》」を含む小倉山山麓の一帯にあった。そして『新古今和歌集』を編んだ鎌倉後期の歌人藤原定家の山荘「時雨《しぐれ》亭」も、この「厭離庵」の周辺にあったとみられている。

ただ定家の「時雨亭」とみられる場所は、ほかに二尊院の奥とする説、さらに常寂光寺奥という説もあって、はっきりしない。

冷泉家時雨亭文庫調査員の岸本《きしもと》香織《かおり》さんは「定家と蓮生の山荘はおそらく同じところにあったと思うが、跡地とされるほかの2カ所も含めてどこが正しいのか、今となっては分かりかねる」と

藤原定家の山荘「時雨亭」があったとされる一つの「厭離庵」に向かう竹林の道

言っている。

「百人一首」生む

「時雨亭」の場所は明らかではないが、蓮生の別荘が定家による「小倉百人一首」誕生のきっかけになったことは間違いない。

定家は子息為家《ためいえ》の妻に宇都宮蓮生の娘を迎えているが、この婚姻政策について作家の堀田善衛《たよしえ》さんが著書の中で興味深い見方をしている。

＊厭離庵

臨済宗天龍寺派の寺院。小倉百人一首を編纂した藤原定家の小倉山荘跡は、この厭離庵の周辺にあったとみられている。定家塚や子の為家の墓などが残されている。

京都市右京区嵯峨二尊院門前善光寺山町2

【交通】京都駅から市バスで約50分、嵯峨釈迦堂前下車徒歩約10分

公家で歌人として有名な「藤原定家像」（公益社団法人阪急文化財団逸翁美術館蔵）

堀田さんによると、武士の時代が定着し始めると、京都の公家、公卿《くぎょう》は荘園の維持とそこからの吸い上げが困難になり、生活上の逼《ひっ》迫《ぱく》を感じ始めていたようだ。

そういう中で、歌の家の家柄である定家が、関東の豪族中の豪族の宇都宮氏から妻を迎えたことが「相当な振る舞い」と受け止められていた、という。定家の子為家と蓮生の娘との婚姻には、公家公卿の経済的な事情もあったようなのだ。

そういう背景もあって、宇都宮蓮生は定家の息子為家の岳父となった。そして定家の日記『明月記』の1235年5月27日のくだりに、蓮生から「中院山荘の襖《ふすま》障子に色紙を貼りたい」と頼まれて「色紙の一枚一枚に天智《てんじ》天皇以来の名歌人の作を一首ずつ書き上げて、蓮生に贈った」という趣旨の記事が出てくる。

●蓮生と信生④

1205	北条氏の内紛(牧氏事件)起こる
	宇都宮頼綱、出家し蓮生と名乗る
1221	承久の乱。蓮生、鎌倉に出仕
1222	藤原為家と蓮生の娘に子為氏が誕生
1226	蓮生、嫡子泰綱に家督を譲り、上洛
1227	蓮生と信生「嘉禄の法難」で法然の遺骸を護衛
1235	蓮生、藤原定家に中院山荘の襖障子色紙の作成を依頼
1241	藤原定家没する
1259	宇都宮氏の歌集『新式和歌集』が成立。蓮生没する

入洛《じゅらく》から9年。蓮生はこの時、山荘を造って嵯峨に住み始めたのだろう。『宇都宮市史』は「定家は近くに別荘を建てた蓮生の新築祝いに、100枚を超える色紙を贈ったのではないか」と推測している。

2017年の栃木県立博物館特別展「中世宇都宮氏」に出品された国重文『百人秀歌』は、この時に定家が揮毫《きごう》した色紙の控えを目録化したもので、後の『百人一首』の草案になったとみられる。

栃木県立博物館学芸員の山本《やまもと》享《たか》史《し》さんは「この秀歌撰《せん》に後世、鳥羽《とば》、順徳《じゅんとく》両天皇の作品を加えるなどし

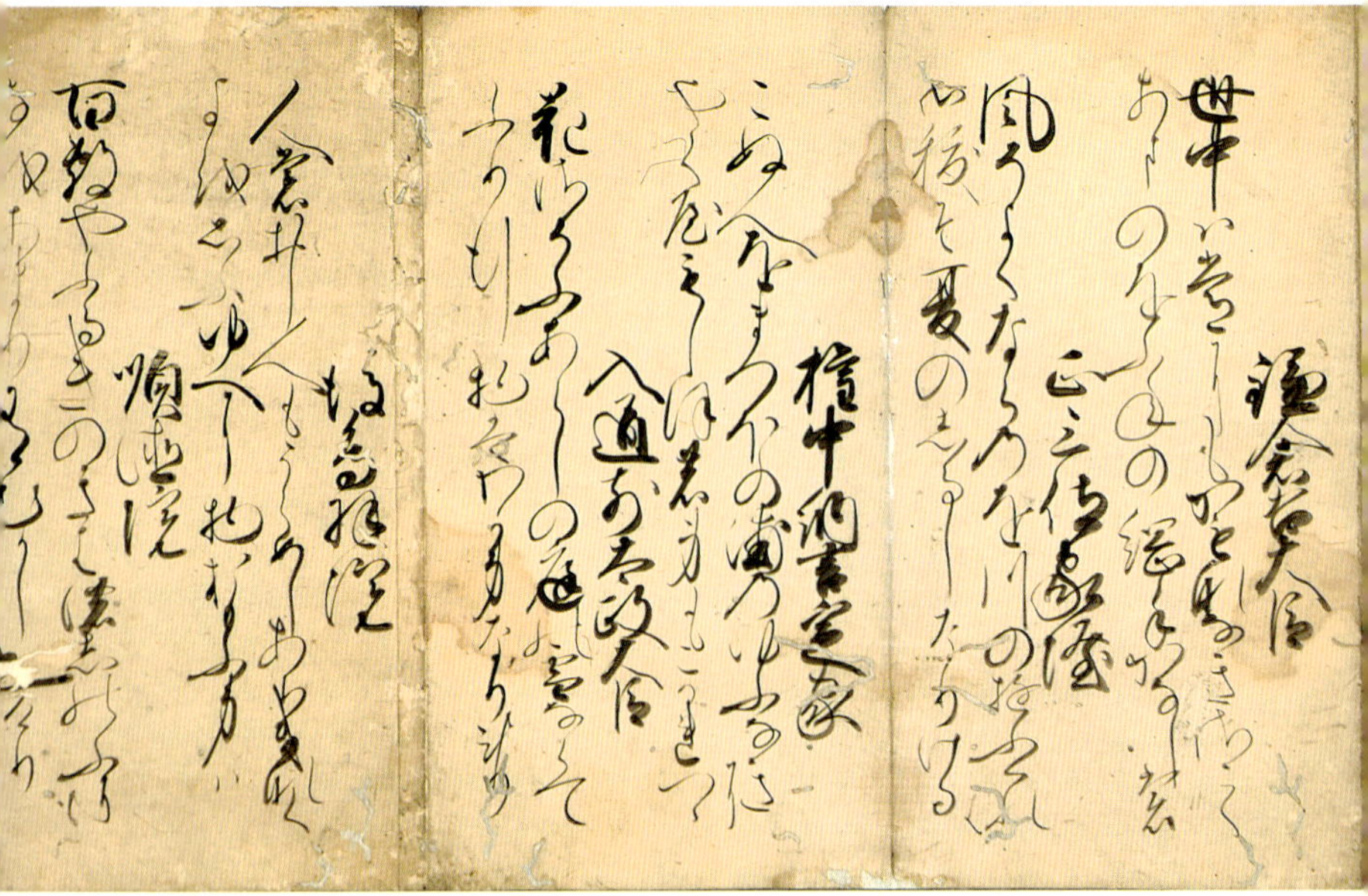

江戸時代以降、広く一般に親しまれている「百人一首」（栃木県立博物館蔵）。
藤原定家が晩年、すでに完成していた「百人秀歌」を草稿として編んだ、とみられている

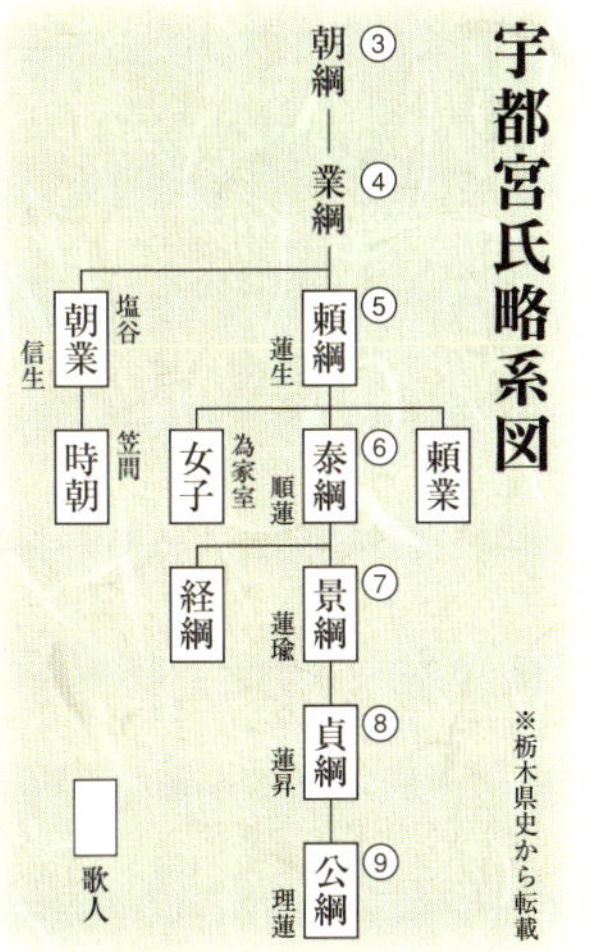

て『小倉百人一首』となった。この一冊で、和歌の歴史をたどることができるようになっている」と説明する。

多くの歌人輩出

宇都宮一族はこのような都の文化人との交流もあって、信生の次男の笠間時朝《かさまときとも》など多くの歌人を輩出した。作歌活動は、頼綱の孫景綱《かげつな》の代に至る過程で極みに達し、宇都宮館、宇都宮神宮寺、稲田姫社などでしばしば歌会が催されたという。

『新式和歌集』*などに盛り込まれた歌集は宇都宮氏の文化レベルの高さを表している。定家の撰とされる『小倉山荘色紙和歌』はそのさきがけとなった。

＊新式和歌集
宇都宮一族を中心に186人の和歌875首を収めている。藤原定家と宇都宮蓮生の孫にあたる二条為氏が宇都宮に下向して撰したとあるが、栃木県立博物館は宇都宮氏一族によってまとめられた、とみている。宇都宮一族の文化活動の幅広さをうかがわせ、京都、鎌倉と並んで三大歌壇と称された宇都宮歌壇を象徴する歌集。

蓮生と信生⑤
京都西山に師と眠る

「神宮寺と尾羽寺、往生院、善峰の堂塔庵室《あんしつ》などに修理を加うべきこと」

社家法としては国内最古とされる宇都宮氏の弘安式条*は、宇都宮家の当主として行うべきことを第2条でこう記している。

神宮寺は宇都宮社（宇都宮二荒山神社）に併設された寺であり、尾羽寺は3代朝綱《ともつな》が益子大羽に再興した寺院。そして京都の洛西にある往生院（現三鈷《さんこ》寺*）と善峰寺の再興は『栃木県史』によると、宇都宮氏5代頼綱《よりつな》（蓮生《れんしょう》）の尽力によるものだった。

蓮生の孫7代景綱《かげつな》は、先祖が再興させたこの4寺院の堂塔修理を「当主にとって不可避の任務」としてわざわざ家法に明記した。

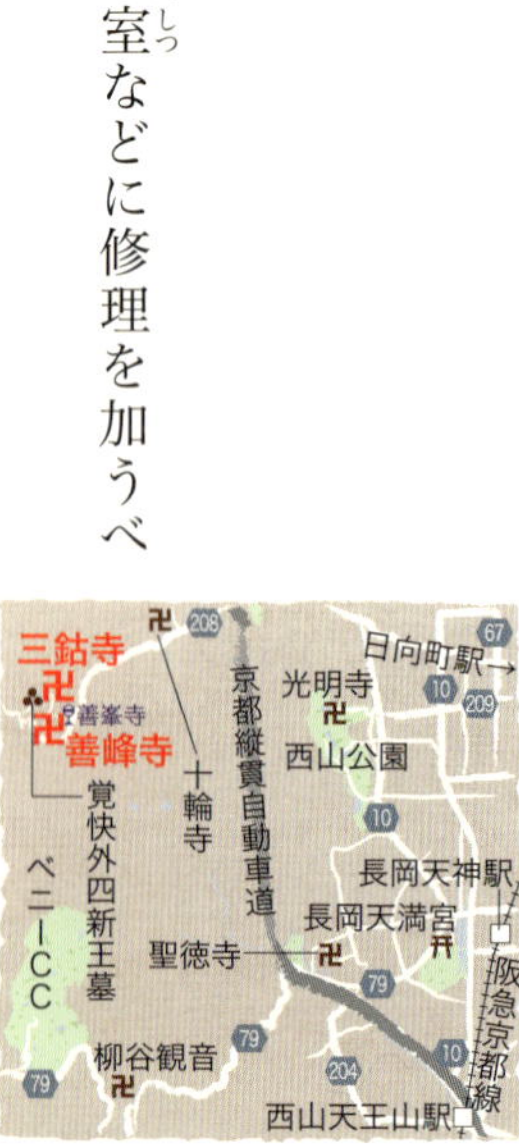

＊三鈷寺

西山三鈷寺は平安時代末の1074年、源算上人が草庵を結んで北尾往生院と号したのが始まり。1213年に法然門下の証空が念仏道場とし、名を三鈷寺と改めた。1247年、証空に帰依した蓮生（宇都宮頼綱）が塔を建て、観念三昧院華台廟と称し、今日に及んでいる。

京都市西京区大原野石作町1323

宇都宮蓮生が出家後、仏道修行を始めた三鈷寺＝京都市西京区大原野

【交通】JR東海道線向日町駅から阪急バスで約35分、善峯寺下車徒歩12分

＊宇都宮家弘安式条

1283（弘安6）年に制定された。『二荒山神社誌』によれば、幕府法（御成敗式目）に対する家法として定められ、大友氏の「新御成敗状」、筑前国宗像神社の大宮司職を相伝した宗像氏の「宗像氏事書」と並んで古い鎌倉時代の領主法。

三鈷寺に隣接する善峰寺の楼門。宇都宮氏の弘安式条に名が挙がる

『宇都宮市史』で「弘安式条」などを担当した元足利女子高教員の菊地《きくち》卓《たかし》さんは「それぞれが宇都宮氏の画期となった大切な寺院であり、維持修理の対象が遠く京都にまで及んでいる。こんな家法はほかに見当たらない」と評している。

仏道修行を開始

ところで蓮生が鎌倉初期、京都洛西に再興したという三鈷寺とはどのような寺院なのだろう。

JR京都駅で東海道線に乗り換え、向日町駅から1時間に1本という小型バスに乗って狭隘《きょうあい》な山道を走る。そして40分弱、バスはやっと西山の中腹にある「善峯寺」にたどり着いた。

この善峯寺*は天台宗僧源算*《げんさん》の開基で、源算が西山三峯の北尾に草庵《そうあん》を建

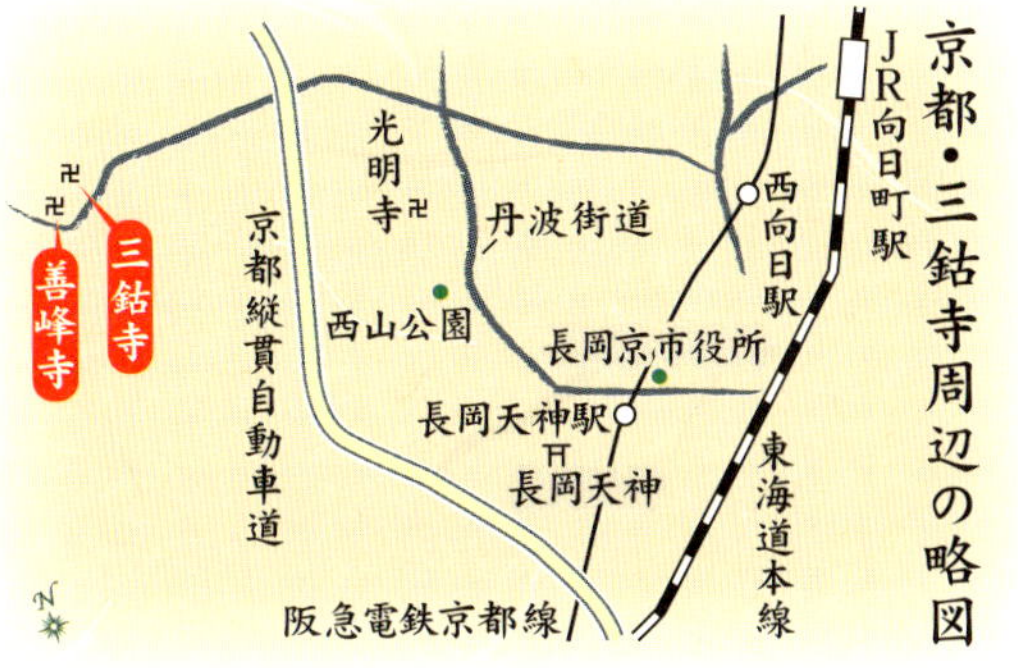

＊**善峯寺**　平安中期の1029（長元2）年に源算上人によって開かれた。鎌倉時代には宇都宮蓮生の師証空らが住職を務め、江戸時代には5大将軍綱吉の生母桂昌院を大檀那として発展した。京都市西京区大原野小塩町1372

＊**源算**（983—1099）　天台宗の僧。京都・西山の善峯を開いて善峯法華院を建立。のち三鈷寺を開く。

て、「往生院」と号したのが三鈷寺の起こりとされる。

往生院は後に浄土宗西山派の流祖となる証空《しょうくう》に譲られ、念仏の道場として発展し、西山派の拠点になっている。三鈷寺住職の大谷《おおたに》祐《ゆう》潤《じゅん》さんは「往生院が今の寺の背後に見える髭嶽《かもしがたけ》の中腹に移り、その山容が三鈷*に似ているところから寺名を三鈷寺と改め、場所も麓に移って今に至るのです」と説明する。

『栃木県史』によると、仏道修行のため1226年に上洛《じょうらく》した宇都宮蓮生は、この三鈷寺に上って仏道修行を始めた。1234年には、山城上久世荘内の6町3反もの田地を「仏事のために」と買い取って三鈷寺に修行の場として寄進している。

蓮生は証空に師事し、証空に「汝《なんじ》は今生一生の契りにあらず、多

＊三鈷
両端が3つに分かれている金属製の密教仏具。三鈷寺は背後の山容が、この法具に似ていることから証空が念仏道場とし、名前を三鈷寺と改めたという。

三鈷
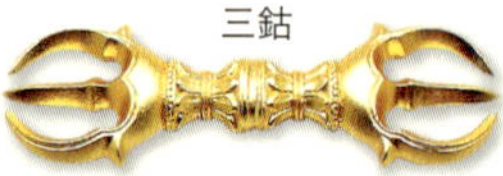

蓮生と師証空の遺骸が安置されている三鈷寺の霊廟

生の子弟なり」と言わしめたほどの師弟関係になったとされる。

京都・知恩院蔵の国宝『法然《ほうねん》上人行状絵図』は1241年末、西山の草庵で阿弥陀如来に向かってひたすら声高らかに念仏を唱える蓮生を描写している。蓮生は師証空が1247年に亡くなると、三鈷寺に師の遺骸を安置する華台廟《けたいびょう》を建立し、供養を行った。そしてこの一画を観念三昧院とし、三鈷寺の別院とした。

しかし蓮生は、師の十三回忌を営むため仏殿の建立を急いでいたが、塔供養を前に病に陥り急死してしまう。鎌倉御家人ということにとどまらず、仏道修行、歌道にも生きた88年の生涯だった。遺言に従い、蓮生の遺骸は師証空の傍らに葬られ、華台廟に並んである。

三鈷寺華台廟の床下にある
宇都宮蓮生（奥）と師証空の墓（手前）

＊藤原為氏（1222―1286）
鎌倉中期の歌人。為家の長男。定家の孫。「続拾遺和歌集」の撰者。

寺院維持に貢献

観念三昧院の仏殿は蓮生の嫡男泰綱《やすつな》によって塔供養が遂げられた。

蓮生の孫景綱と外孫の*藤原為氏《ふじわらのためうじ》が後に善峰寺を訪れ、蓮生の墓石であろう旧跡を前に為氏が詠んだ一首が『新千載和歌集』に収められている。

「尋ねきて昔をとへば山里の　花のしずくも涙なりけり」

歴代の当主は蓮生の信仰を受け継ぐとともに、三鈷寺、善峰寺の檀越《だんおつ》（支援者）として寺院の維持に貢献したとされる。宇都宮一族は1180年の東大寺の大仏脇侍観音像造立や1250年の水田1町などの寄進行為が数多い。

『栃木県史』の執筆者である日本女子大名誉教授の永村眞さんは「宇都宮氏の系譜に脈々と流れる深い仏道帰依の念によるものであり、文化活動と併せて一般御家人には見いだし難い独特の足跡をのこしている。これは神官領主と供僧を代々継承した属性に由来している」と話す。

●蓮生と信生⑤

1205	宇都宮頼綱、出家し蓮生と名乗る
1208	蓮生、勝尾草庵の法然を訪ねる
1212	法然、京都大谷で没する
1214	蓮生、三井寺を修復
1221	承久の乱。蓮生、鎌倉に出仕
1226	蓮生、嫡子泰綱に家督を譲り、上洛
1227	蓮生と信生「嘉禄の法難」で法然の遺骸を護衛
1234	蓮生、三鈷寺に6町３反の田地を寄進
1259	蓮生没する

「金堂如来坐像」（三鈷寺蔵）。
５代頼綱が肌身離さずに持っていたといわれる

親鸞と関東（上）

越後から東国に招く

宇都宮氏5代頼綱《よりつな》（蓮生《れんしょう》）が帰依した法然《ほうねん》は1207年、四国に流され、弟子らが死罪や流罪となった。高弟の一人親鸞《しんらん》は越後（新潟）国府に流された。

この*承元《じょうげん》の法難から5年。親鸞は罪を解かれたものの、京には戻らなかった。越後にしばらくとどまった後、妻恵信尼《えしんに》と子どもたちを連れ、碓氷峠を越えて上野（群馬）、下野（栃木）を横切り、常陸（茨城）新治《にいはり》東郡（現笠間市）の稲田郷に向かった。当時42歳。落ち着いたのは、今の稲田神社に近い*西念寺の周辺といわれる。

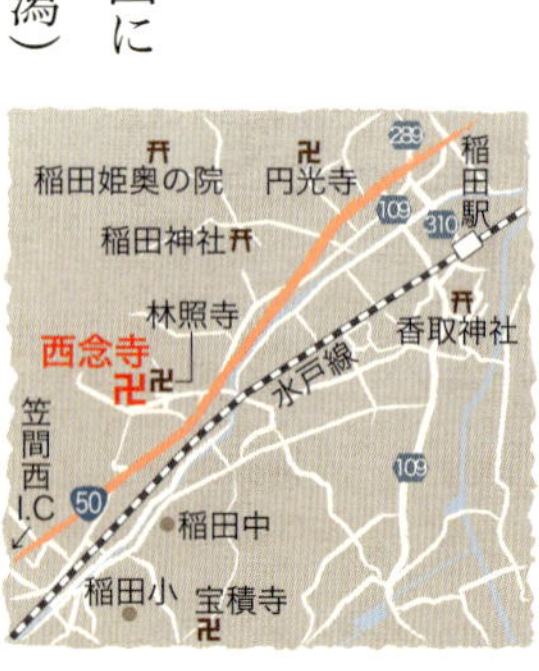

＊西念寺

稲田禅房西念寺。親鸞が家族とともに約20年間、在住した関東の拠点地。『教行信証』の執筆を進めた浄土真宗の聖地。宇都宮頼綱の弟稲田九郎頼重は、当時の稲田草庵に親鸞を迎えたとされる。

茨城県笠間市稲田469

【交通】JR水戸線稲田駅から徒歩15分。または北関東道笠間西インターより車で約5分

笠間市稲田にある西念寺。越後の後、親鸞が向かったのは常陸国稲田郷だった

親鸞ゆかりの稲田神社＝茨城県笠間市稲田

鎌倉幕府の存在

なぜ京都に戻らず常陸にやって来たのか。

旧『二宮町史』は「教行信証を撰述《せんじゅつ》するための環境を得る」などという目的のほかに「善光寺聖《ひじり》として（宇都宮氏3代朝綱《ともつな》の弟）八田知家《はったともいえ》の奨誘を受けた」という説を挙げている。三重県に本山がある真宗高田派法主の常磐井慈祥《ときわいじしょう》さんも「親鸞聖人は善光寺に所属して遊行・行脚をする勧進聖だったと思う。そういう経緯もあって、真岡の本寺専修寺に善光寺仏と全く同じ秘仏の本尊・一光三尊仏があるのです」と説明している。

筑波大名誉教授の今井雅晴さんは「鎌倉幕府の存在」を挙げている。2017年秋、栃木県真岡市内で行った講演で「師法然は既に没しており、それならば鎌倉幕府のある関東に行って、実質的な支配

親鸞の関係地

＊**承元の法難**
朝廷と既成の仏教教団が「支配体制を脅かすもの」として専修念仏者に脅威を感じ、弾圧を加えたという見方がある。一方で後鳥羽上皇の処断には「上皇の熊野参詣の間に、女官2人が上皇に無断で出家したことに対する個人的な怒りがあった」という指摘もある。

者である執権北条氏にも自分の教えを受け入れてもらおうと考えたのではないか」と述べている。

その親鸞の関東入りを支援したのが宇都宮氏だという。当時の稲田を実質的に支配していたのが、親鸞の師法然に帰依していた5代頼綱であり、現地で経営していたのが頼綱の末弟で笠間時朝《かさまときとも》の叔父稲田《いなだ》頼重《よりしげ》だった。この頼重の後裔《こうえい》で西念寺代表の稲田真乗《しんじょう》さんは「寺には頼綱の指示によって一門の者を越後まで送り、親鸞一家を安全に稲田に迎えたと伝わっている」と説明する。

頼綱は幕府の初代執権北条時政の娘を妻とする有力御家人であり、親鸞の師法然の門弟でもあった。そして稲田を含む新治東郡（笠間郡）は親鸞が関東に入る9年前に、頼綱が攻め取った領地であり、長年の準備の跡がある。

頼綱は1205年、北条氏の内紛に巻き込まれて出家を余儀なくされ、以降は頼綱に代わって弟の塩谷《しおのや》朝業《ともなり》が宇都宮氏を代表している。

今井さんは「このことが後に新治東郡が朝業の次男笠間時朝に譲

＊**教行信証**
親鸞撰の書で、浄土真宗の立教開宗と教義に関する根本聖典。関東在住時代にまとめたが、帰洛後も、補訂を続けたと考えられている。

られることになった理由ではないか」とみている。そして「頼綱は、法然門下で有名だった親鸞の越後流罪を心配し続け、親鸞が関東に来たいと希望しているのを聞いて、自らの領地に招いたのではないか」と推測している。

親鸞が落ち着いた稲田郷の東隣には、親鸞の妻恵信尼の実家三善《みよし》家が仕えた九条《くじょう》家の広大な小鶴荘*があった。法然に帰依していた関白九条兼実《かねざね》の娘が小鶴荘の領主になっており、この影響があったのかもしれない。

＊小鶴荘
親鸞が落ち着いた稲田郷（茨城県笠間市）の東隣にあった荘園。当時の領主が、親鸞の妻恵信尼の実家・三善家が仕えた九条任子（くじょうたえこ）だった。任子は法然に帰依した関白九条兼実の娘で、後鳥羽天皇の中宮だった。

真岡市の本寺専修寺。親鸞は53歳から下野国への本格的な布教を始めたという

＊本寺専修寺

真宗高田派本寺。親鸞が関東布教のためこの地に入り、大内一族の懇請によって作られた一宇が専修寺の始まりと伝わる。信州善光寺から一光三尊仏を迎えて本尊とし、東国における初期真宗教団の根本道場として興隆した。

栃木県真岡市高田1482

【交通】JR水戸線下館駅から車で約20分、または真岡鐵道久下田駅か真岡駅から車で約10分。または北関東自動車道桜川筑西ICか真岡ICから約20分

親鸞のために大内氏が建てたと伝わる三谷草庵＝真岡市三谷

＊三谷草庵

高田山専修寺を建立する際、仮住まいをしていた場所と伝えられている。専修寺の南東約2キロの三谷地区に建つ。現在の草庵は江戸後期に名主らによって建立され、1967年国史跡に指定された。

栃木県真岡市三谷

【交通】専修寺から車で約5分

夢の中のお告げ

今井さんによると、親鸞は常陸から下野へと目を向け1225年、53歳の時に大内荘の柳島（現・真岡市高田）に入っている。

高田山専修寺*の説明板には「下野を旅していた親鸞が、夢の中で柳の枝に白妙の包みを添えて持った童子のお告げを受け、一宇を建立することになった」と記されている。親鸞は地元の豪族大内《おおうち》氏の援助を得て、現在の真岡市三谷*に草庵《そうあん》を設け、高田に寺院を建てようと毎日2キロの山道を歩いて高田に通ったと伝わる。

ただ、親鸞は立派な寺院を必要としていたわけではなく、念仏布教ということが念頭にあったようだ。

近年は親鸞が大内氏の持仏堂に招かれ、そこに滞在していたのではないかという説が出ている。今井さんは「その持仏堂が専修寺につながる如来堂だったのかどうかは、さらなる検討が必要だ」と指摘している。

●親鸞と関東（上）

1205	宇都宮頼綱、出家
1207	法然が四国、親鸞が越後に流罪に（承元の法難）
1214	親鸞一家、関東入りか
1219	源実朝が暗殺される
1221	承久の乱
1225	親鸞、下野国入りか

親鸞と関東（中）

蓮生が活動を支援か

↗右側に「宇津宮辻幕府舊蹟」を示す石碑が立っている＝神奈川県鎌倉市小町2丁目

ＪＲ鎌倉駅の東口にある若宮大路の「二の鳥居」の近くに「宇都宮辻子《ずし》」*と呼ばれる小路がある。

鶴岡八幡宮の参道である若宮大路とその東の小町大路が、かつてはこの辻子で東西に結ばれ、かいわいに鎌倉

＊宇都宮辻子幕府跡（宇都宮稲荷神社）

1225（嘉禄元）年の上棟で、北条泰時の時代に大倉から、若宮大路と小町大路を結ぶ辻子（小路）に幕府が移された。ここに宇都宮氏の館があったので、宇都宮辻子幕府と呼ばれた。

神奈川県鎌倉市小町2―15

【交通】鎌倉駅から徒歩約10分

鎌倉の宇都宮氏屋敷跡に鎮座する宇都宮稲荷神社。↗

御家人宇都宮氏の鎌倉屋敷があった。辻子を東に進むと「宇都宮稲荷神社」が鎮座し、その前に「宇津宮辻《ずし》幕府舊蹟《きゅうせき》」と記された石碑が立っている。

鎌倉幕府「中興の祖」といわれた3代執権北条泰時《やすとき》*は、源頼朝以来、長らく大蔵に置いた幕府政庁をこの宇都宮辻子の周辺に移した。源氏3代の政権が終わり、1225年に北条政子が亡くなると、泰時は幕府政庁の移転を考え始めている。『吾妻鏡』10月3日のくだりに「泰時らが御所を宇都宮辻子へ移そうと話し合った」とあり、翌日には「そこを歩いて丈尺を打った」という趣旨の記事が見える。規模は小さいが、承久の乱後の混乱から心機一転を目指す、一種の首都機能移転だったのではないか。

***北条泰時**（1183―1242）
義時の長男。承久の乱後、六波羅探題を設置し戦後の処理にあたる。父義時の死後3代執権となる。連署・評定衆の設置し合議制を制度化した。1232年、御成敗式目を制定し武家政治を確立した。

『鎌倉市史』によると翌年、摂家から源頼朝の遠縁にあたる*藤原頼経《よりつね》が4代将軍に迎えられ、宇都宮辻子の御所に入った。泰時は評定衆を置いて合議制とし、武家として初の成文法「御成敗式目」を定め、鎌倉の都市整備に着手している。

泰時の法治主義、公平性追求という姿勢は後世、室町幕府を兄足利尊氏《たかうじ》と立ち上げ、世務（政務）として切り盛りした*足利直義《ただよし》の「政治モデル」になったといわれる。

歴史語る5首

この最高権力者泰時と出家後の宇都宮頼綱《よりつな》（蓮生《れんしょう》）の深い関わりを裏付ける和歌が、藤原定家編集の『新勅撰《ちょくせん》和歌集』に掲載されている。

1224年、父義時《よしとき》の死に直面した泰時が「やまのはに　かくれしひとは　見えもせで　いりにし月は　めぐりきにけり」（父義時は亡くなってしまった。月はまた姿を見せるが、父は帰ってこない）と蓮生に歌を送ると、蓮生は「かくれにし　人のかたみは　つきを見よ

＊藤原頼経（1218─1256）

鎌倉幕府4代将軍。源実朝が暗殺された後、源頼朝の遠縁にあたる頼経が鎌倉に迎えられた。1226年将軍となるが、執権北条経時に疎まれ、子の頼嗣に将軍職を譲る。

こころのほかに　すめるかげかは」（何を嘆いておられます。あの月をごらんなさい。そこに父君がいるではないですか）と返し、泰時を慰めている。

蓮生は出家しながらも鎌倉幕府に出仕し「幕府顧問」として相談を受け、意見を述べていたのかもしれない。『栃木県史』によると、泰時の孫経時《つねとき》と蓮生の嫡子泰綱《やすつな》の娘の婚約が成ったのはこの2年後だった。

『新勅撰和歌集』には源実朝《さねとも》の死を契機に落髪し、仏門に入った蓮生の弟信生《しんしょう》（塩谷朝業《しおのやともなり》）ら宇都宮一族の和歌が5首入っている。この5首に着目した愛媛県大洲市の歴史研究者三好正文《みよしまさふみ》さんは「わずかな分量の中で一族の歴史を簡潔に語り、蓮生が北条政権で果たした役割を雄弁に語っている」と指摘する。

時頼の贈り物

ところで親鸞《しんらん》の東国入りについては筑波大名誉教授の今井雅晴さんが「鎌倉幕府の存在」を挙げ、宇都宮氏の支援があったのではないか、

＊**足利直義**
（1307―1352）
足利尊氏の同母弟。尊氏とともに行動し、建武政権では関東の政務に当たる。足利幕府では尊氏が軍事、直義が政務を担当。鎌倉時代初期の執権政治を理想としたが、武闘派の高師直と対立、観応の擾乱の後に尊氏に降伏し、間もなく没した。毒殺説もある。

と推測している。三重県に本山がある真宗高田派法主の常磐井慈祥さんも「親鸞聖人は民衆の味方というか、権力とは結びつかないと言われてきたが、必ずしもそうとは言い切れない。有力な権力者とか、庇護《ひご》した宇都宮氏など頼れる人には頼っていたと思う」とみている。

興味深いことに真岡の本寺専修寺には、泰時の孫時頼《ときより》＊から贈られたという黄金色の「釈迦《しゃか》如来坐像《ざぞう》」が残されている。高さ10センチほどの厨子《ずし》入りの小像で、寺の史料には「親鸞聖人は幕府の招きを受け、一切経出版に協力するために鎌倉に行き、時頼と魚食について問答した。その時、親鸞の言葉に感動した時頼から贈られたのがこの像」とある。

真岡の本寺専修寺に残る、北条時頼から贈られたという「釈迦如来坐像」

＊**北条時頼**（1227―1263）
泰時の孫。鎌倉幕府第5代執権。三浦氏を滅ぼす。1249年引付衆を設置し、裁判制度を改革するなど幕政の発展に尽くした。

親鸞のひ孫に当たる覚如《かくにょ》の『口伝抄』には、親鸞が一切経校合(校正)のために鎌倉へ行った時のことが記されているという。ただ今井さんは「この時期だと時頼は生まれたばかりで、親鸞と魚食の話をするのは無理とは思う。しかし専修寺になぜ『釈迦如来小像』があるのかは考えさせられる」と話している。

真岡市にある本寺専修寺「御影堂」に安置されている親鸞聖人坐像

親鸞と関東（下）
「動」の20年 真宗の礎に

「真宗と本願寺は関東の門徒に支えられてきた歴史がある。私はこのことにこだわりを持った」

２０１７年７月、真岡市民ホールで講演した旧『二宮町史』の筆者で日本女子大名誉教授の永村眞さんは、冒頭でこう話した。

浄土真宗の末寺は、文化庁の資料によると全国に２万２千ほどあり、国内の仏教教団で最も多い。このうち東西の本願寺教団だけで2万近い末寺があり、真岡市の本寺専修寺など高田派は６３０ほどしかない。

これは室町時代に登場した本願寺派８世の蓮如《れんにょ》*が、もともとは親鸞《しんらん》の廟堂《びょうどう》だった本願寺の布教活動を活発化させたことが影響している。

*蓮如（１４１５—１４９９）
室町中期の浄土真宗の僧。日常語で説く「御文（おふみ）（御文章）」を通じて布教。

本願寺勢力は戦国時代に入って「天下布武」を目指す織田信長と軍事的に衝突。これに対して豊臣秀吉は西本願寺に土地を寄進し、江戸に幕府を開いた徳川家康も東本願寺を支援したので東西の本願寺が並び立ち巨大化した。

教化活動の支え

この真宗について、永村さんは「出発点は関東にあった」と指摘する。親鸞が関東に入ったとされる1214年からほぼ20年間、常陸の稲田郷を拠点とした親鸞の教化活動を支えたのは、東国の門徒だった。親鸞は「真の浄土宗」を布教し、常陸・下野・武蔵などの諸国に門徒集団が生まれた。

永村さんによると、その門徒の一人真仏《しんぶつ》が下野高田（現真岡市）に如来堂（後の下野専修寺）を創建、この堂を拠点とする高田門徒は東国門徒の中核的な立場を占めた。

そして真仏から如来堂を継承した高田派3世の顕智《けんち》は、東国門徒の筆頭として親鸞の往生に立ち会い、京都の大谷廟堂（後の大谷本

願寺）の創建と維持に尽力したとされる。この顕智が下野から三河、さらに越前へと教線を広げ、東国門徒をまとめて大谷廟堂の運営を支えるなど重要な役割を果たした人物なのだという。

高田門徒は親鸞が京都に戻った後も、親鸞を支え続けた東国門徒の中心的存在だった。永村さんは「真宗というと京都のイメージが強いが、それは違う。末寺の数では残念ながら関東では少ないが、来歴は大変重要だ」と強調する。

本願寺派に蓮如が登場した時代に、高田派は真慧《しんね》が専修寺住持を継いで、加賀・越前門徒への教化の後、近江坂本に住み、伊勢（三重県）の一身田にも堂舎を造営した。京都の朝廷などとの接触が目的だったようだ。一身田の堂舎は1474年、宇都宮氏16代正綱《まさつな》によって「無量寿院」と書き与えられ、これが高田派*「本山専修寺」となるのは、

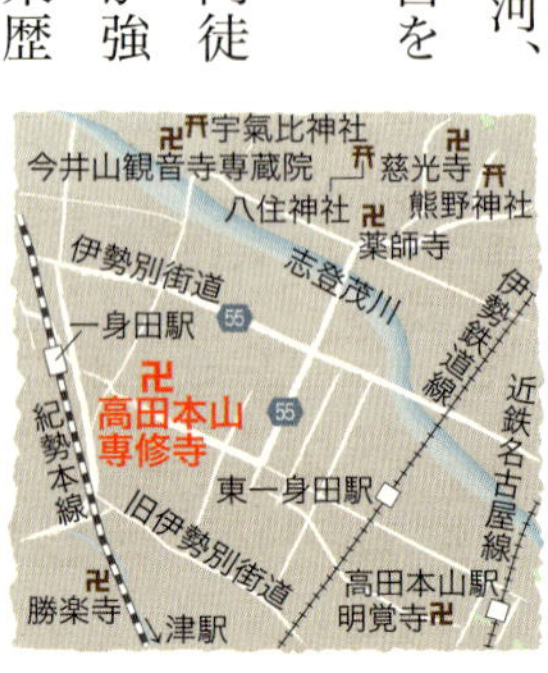

＊本山専修寺

真宗高田派本山。高田派10世真慧が伊勢の一身田にも堂舎を築いた。本山専修寺の史料によると、一身田の室町時代の寺号は1584（天正12）年の徳川家康の文書でも「一身田無量寿院」にあてて出されており、真岡の専修寺に替わって本山となったのは江戸時代以降とみられている。親鸞筆の国宝『西方指南抄』『三帖和讃』をはじめ、多くの重文などを所蔵している。「御影堂」「如来堂」も国宝。

真宗高田派本山専修寺。この巨大な山門の先に、国宝になった御影堂と如来堂がある＝津市一身田

三重県津市一身田町2819
【交通】JR紀勢本線一身田駅から徒歩5分。または津駅から車で約10分

栃木県立博物館の「中世宇都宮氏」展に出品された「親鸞聖人坐像」(手前)と親鸞直筆の「八字名号」(奥右)「十字名号」(奥左)＝ともに本山専修寺蔵

本山の史料によると、江戸時代以降とみられる。

本山専修寺には、今も寺内町を囲む環《かん》濠《ごう》*がほぼ完全な形で残されている。

この濠を越えて巨大な山門をくぐると、国宝になった如来堂と御影堂、国重要文化財を含む堂塔群が圧倒的な存在感を放っている。

そしてこの本山専

＊環濠
一身田にある専修寺の四周には、外からの侵入を防ぐために環濠(堀)がめぐらされており、その内側は寺町として発展した。江戸、伊勢、京都方面の門があり、これらの門は朝6時に開けられ、夕方6時に閉まったという。

栃木県立博物館の「中世宇都宮氏」展に並んだ（左から）真仏坐像、顕智上人坐像（いずれも真岡市の本寺専修寺蔵）

修寺は、親鸞と真仏筆の仏教讃歌《さんか》「三帖《じょう》和讃」（国宝）や師法《ほう》然《ねん》の法語や行状記などを編集した「西方指南抄」（国宝）など、由緒ある宝物を数多く所蔵している。「関東の親鸞と弟子」ゆかりの品々も少なくない。

聖人らしい時期

2017年秋、栃木県立博物館で開催された「中世宇都宮氏」展では、親鸞直筆の「八字名号」*「十字名号」*などが展示された。

かつて本山だった下野専修寺の真仏と顕智が、京都に戻った親鸞から与えられたという親鸞ゆかりの品々で、津市の本山専修寺から里帰りした。

親鸞は自らの信仰と思想をまとめた「教行信証」を関東で執筆し始め、63歳のころに京都に戻り、90歳まで生きた。そして京都に戻った後の27年間はほとんどが執筆活動だったという。

三重県に本山がある真宗高田派法主の常磐井慈祥さんは、親鸞の「関東の20年」について「動から静へと転換した京都での生活と比べて、関東では毎日、遊行・行脚して布教をなさっていた。親鸞聖人の一番、脂の乗り切った時期ですし、精力的に布教をなさっていて、親鸞聖人が一番、親鸞聖人らしい時期だったと思う」と話す。

●親鸞と関東(下)

1214	親鸞、常陸国に赴き、関東での教化を始める(42歳)
1224	親鸞、「教行信証」の撰述進行か(52歳)
1226	下野国高田に専修寺創建と伝わる(親鸞54歳)
1235	親鸞、帰洛か(63歳)
1257	高田派3世顕智、三河国に道場を建てる
1262	親鸞、入滅(90歳)。顕智、親鸞の葬送を行う
1472	高田派10世真慧、本願寺8世蓮如に論争を挑む

※高田派本山の史料から

＊「八字名号」「十字名号」
仏教で礼拝の対象である本尊は仏菩薩その他の彫像や画像だが、浄土真宗では阿弥陀仏の名号を本尊とし、礼拝することが重視されるという。2017年秋の「中世宇都宮氏」展では、本山専修寺から「八字名号」「十字名号」が出品された。栃木県立博物館は「関東から上洛した親鸞の高弟真仏、顕智ら4人にそれぞれ与えられた」とみている。

下野と別個の繁栄を築く

中世の名門、下野宇都宮氏は、宇都宮を基盤にして鎌倉幕府の有力御家人となり、宇都宮社（宇都宮二荒山神社）の社務職《しゃむしき》に代々就いていた一族である。

これに対し、鎌倉時代に下野を離れ、西国に移った宇都宮氏がいた。下野宇都宮氏と姻戚関係だとされる中原《なかはら》姓の宇都宮《うつのみや》信房《のぶふさ》は、現在の福岡県東部と大分県北部にまたがる豊前国に入り、子孫たちが九州に深く根を下ろした。

豊前宇都宮氏初代の信房は、宋からの帰国僧俊芿《しゅんじょう》律師に帰依し、京都東山に広大な寺地を寄進するような有力御家人だった。

一方、四国の伊予宇都宮氏は、下野宇都宮氏５代頼綱《よりつな》が鎌倉幕府から伊予国守護に補任されたことが出発点になっている。

頼綱の伊予国守護就任などを受けて、伊予国に移り住んだ武士たちに芳我《はが》氏、祖母井《うばがい》氏、笠間《かさま》氏など、下野宇都宮氏と関係の深い氏族の名がみえる。

それぞれの地で４００年ほど、下野宇都宮氏とは別個の繁栄を築いていたことが最近の豊前、伊予の研究者によって明らかにされてきている。しかし下野宇都宮氏と同様、豊臣秀吉の時代に滅亡し、近世領主としては生き残れなかった。

「宇都宮」を名乗る世帯は全国で５、６千世帯ほどあり、そのほぼ半数は九州と四国に住んでいる。宇都宮と違って、関係する歴史遺産も少なくない。ここではこの西国に進出した宇都宮氏を取り上げる。

豊前宇都宮氏①

京都の泉涌寺地を寄進

京都市東山の月輪山麓にある泉涌寺《せんにゅうじ》*は「御寺《みてら》」と呼ばれ、皇室の篤《あつ》い崇敬を受けている。

広大な寺領の東端に、鎌倉時代の四条《しじょう》天皇から江戸末期の孝明《こうめい》天皇まで25の天皇・皇后の月輪陵・後月輪陵がある。日光東照宮大鳥居などの「勅額」の筆者後水尾《ごみずのお》天皇もこの陵に葬られた。泉涌寺書記の池上宥昭《いけがみゆうしょう》さんは「御寺と言われてきたのは、歴代の皇族方の御葬礼を司《つかさど》ってきたからでしょう」と説明する。

＊泉涌寺

1219年、月輪大師俊芿が宋の法式を取り入れてこの地に大伽藍を営み、寺号を泉涌寺とした。律を基本に天台、真言、禅、浄土の四宗兼学の寺として興隆してきた。四条天皇が泉涌寺に葬られてからは歴代天皇の山陵が営まれ、「御寺」と称されるようになった。

京都市東山区泉涌寺山内町27

運慶作と伝わる三世仏が安置されている泉涌寺の仏殿（本堂）

＊来迎院

泉涌寺４世月翁智鏡律師が宇都宮信房の帰依を受け、１２１８年に堂宇を開いて泉涌寺子院とした。忠臣蔵で知られる大石内蔵助とも関係が深く、内蔵助は山科に浪宅を構えて来迎院の檀家になったという。

京都市東山区泉涌寺山内町33

【交通】京都駅(八条口)から、車で約10分。または京都駅(烏丸口)から、市バス２０８番(東向き)で泉涌寺道下車、徒歩15分

寺内の御陵を望む東端に俊芿が眠る開山塔がある（一般立ち入りは不可）
＝京都市東山区泉涌寺山内町

月輪陵の北側に、泉涌寺を開いた僧俊芿《しゅんじょう》の開山塔が山陵を見守るようにして立っている。

入宋《にっそう》12年、仏法を学んで帰朝した俊芿がこの地に寺を開いたのは、源実朝が暗殺される直前の1218年のことだった。その俊芿に帰依し、17ヘクタールもの寺地をポンと寄進したのが豊前《ぶぜん》宇都宮氏、大きくとらえれば鎮西《ちんぜい》宇都宮氏の祖宇都宮（中原《なかはら》）信房《のぶふさ》である。

泉涌寺の史料によると、俊芿は1217年、信房の求めに応じてはるばる信房の領地となった豊前国に下向し、信房夫妻の出家受戒の戒師となった。翌年、信房が寺地を寄進したのは「その布施として」だという。

寺地はもともと九条家領の荘園だったが、荒れ果てた時期もあったとされる。泉涌寺研究員の石《いし》野聖咒《のしょうじゅ》さんは「九条道家《くじょうみちいえ》*はその時期に失脚しており、地頭的な立場の信房は現実的に支配していたこともあって、寄進ができたのではないか」とみている。

本堂に信房位牌

信房は寺の4世月翁智鏡《がっとうちきょう》にも帰依し、北隣にある塔頭《たっちゅう》寺院・来迎*院の開創をも支援した。現住職の安井崇兼《やすいそうけん》さんに案内されて入った本堂にはひときわ目立つ信房の「道賢《どうけん》」という戒名が記された位牌があった。

豊前宇都宮氏①

1180	宇都宮信房、源頼朝の挙兵に参陣
1183	信房、野木宮合戦で小山氏に合力(81年説もあり)
1186	信房、近江国善積荘を与えられる
1188	信房、九州・貴海島を平定 この年までに豊前国内に所領を与えられたか
1217	信房、僧俊芿を豊前に招き、夫婦ともに受戒
1218	信房、僧俊芿に京都東山の寺領を寄進
1221	信房、承久の乱で一族を率い鎌倉方に参陣か

＊九条道家
（1193―1252）
九条兼実の孫。子の頼経が鎌倉幕府4代将軍となり、自身は摂政・関白となる。のち執権北条時頼に頼経、孫である5代将軍頼嗣が鎌倉から追われ失脚する。

この来迎院は、江戸時代の忠臣蔵で知られる大石《おおいし》内蔵助《くらのすけ》とも深い関係がある。大石が赤穂を退いて浪人となった時、来迎院住職を頼って檀家となった。彼は院内に茶室を建てて風雅を楽しむとともに、仇討ちの策を練ったという。

広大な寺地の寄進を受けた俊芿は1220年、宋風伽藍《がらん》建立の造

泉涌寺の塔頭寺院・来迎院には宇都宮信房の位牌がある

＊**承久の乱**
1221年、皇権回復を目的に後鳥羽上皇を中心とした朝廷方が鎌倉幕府討幕の兵を挙げたが大敗し、幕府に鎮圧された事件。後鳥羽上皇、土御門上皇、順徳上皇が配流された。

営費用を募るため、造営に至る経緯や規模を記した趣意書を後鳥羽《ごとば》院に上覧した。その文章や筆跡が上皇や公卿《くぎょう》を驚かせ、後鳥羽院と後高倉《ごたかくら》院が多額の寄進をしたとされる。

俊芿自らが揮毫《きごう》したという国宝「泉涌寺勧縁疏《かんえんそ》」が2017年秋、栃木県立博物館で開催された「中世宇都宮氏」展に出品され、洗練された行書体の文体が評判になった。博物館特別研究員の本田諭さんは「その見事さゆえに後鳥羽院や後高倉院、公卿を感動させ御願寺ということに結びついた」と指摘する。

後鳥羽上皇、順徳《じゅんとく》上皇、土御門《つちみかど》上皇はその後の承久の乱*の後、流罪となって京から追われるが、上皇方の受戒の律師を務めた一人がこの俊芿だったという。

■頼朝挙兵に参陣

『吾妻鏡』によると信房は、30歳の時に近江国善積荘（現滋賀県高島市）を与えられた。1186年2月29日の記事に「信房は造酒《みきの》正《かみ》中原宗房《なかはらむねふさ》の孫なので手厚く賞された」と記されている。

宇都宮信房が開創を支援した来迎院

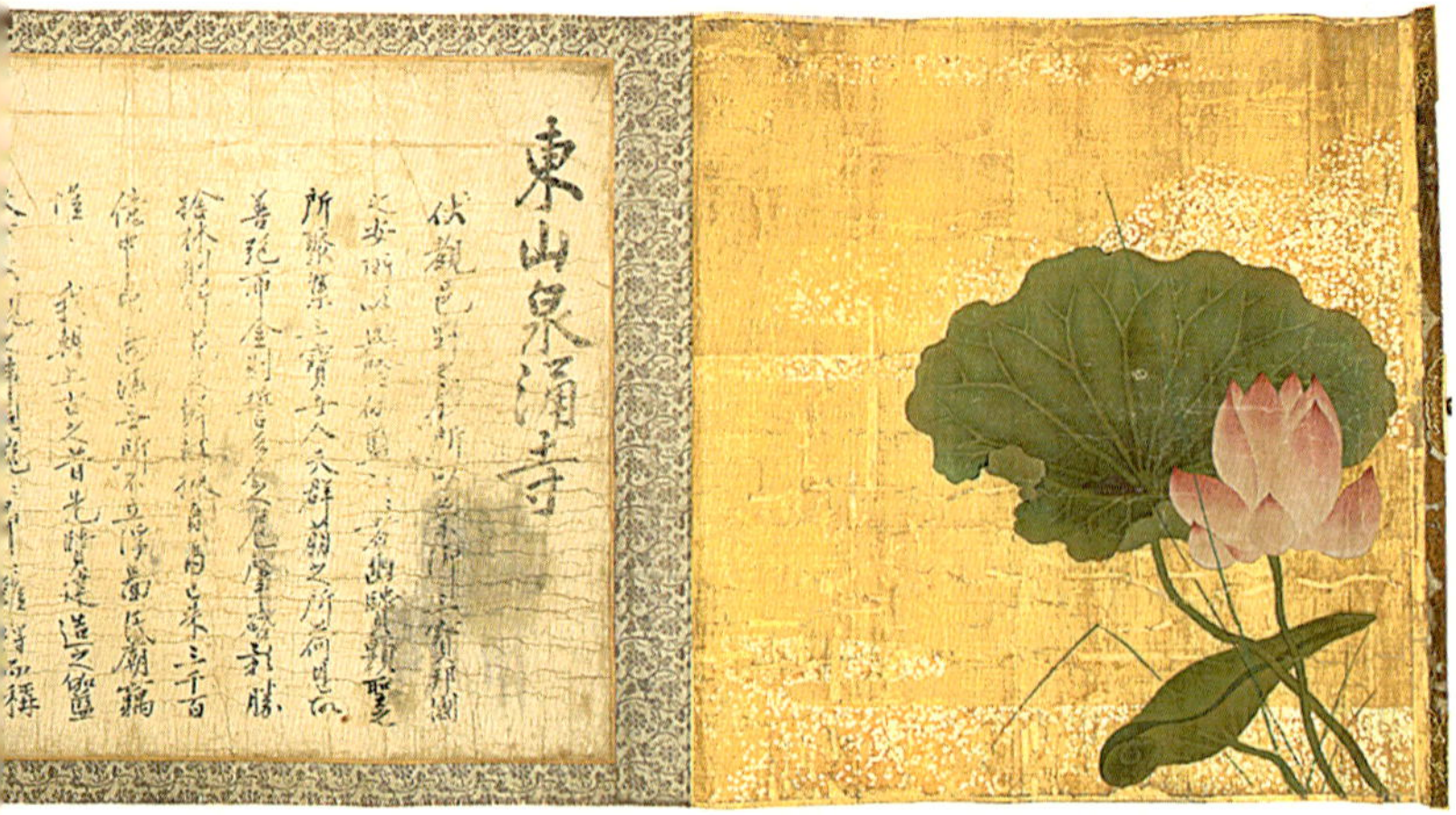

寺地の寄進を受けた俊芿が、この趣意書を記して伽藍再興の造営費用を募った

信房の祖父中原宗房は鳥羽《とば》天皇中宮の*待賢門院《たいけんもんいん》（藤原）璋《たま》子《こ》に仕え、1124年に待賢門院庁の主典代に就任している。鎮西宇都宮氏の研究者則《のり》松弘明《まつひろあき》さんによると、宗房は幼少期の源頼朝とも良好な関係を築いており、信房は、祖父宗房の京都の基盤に乗って善積荘を与えられ東国にやって来た。そして1180年の頼朝の挙兵に下野国から参陣。頼朝の叔父志田義広《しだよしひろ》が鎌倉に攻め入ろうとした1183年の野木宮合戦でも、頼朝

＊待賢門院
（1101―1145）

鳥羽天皇の皇后。崇徳天皇、後白河天皇の母。仏教に帰依し、円勝寺、仁和寺法金剛院を建立。

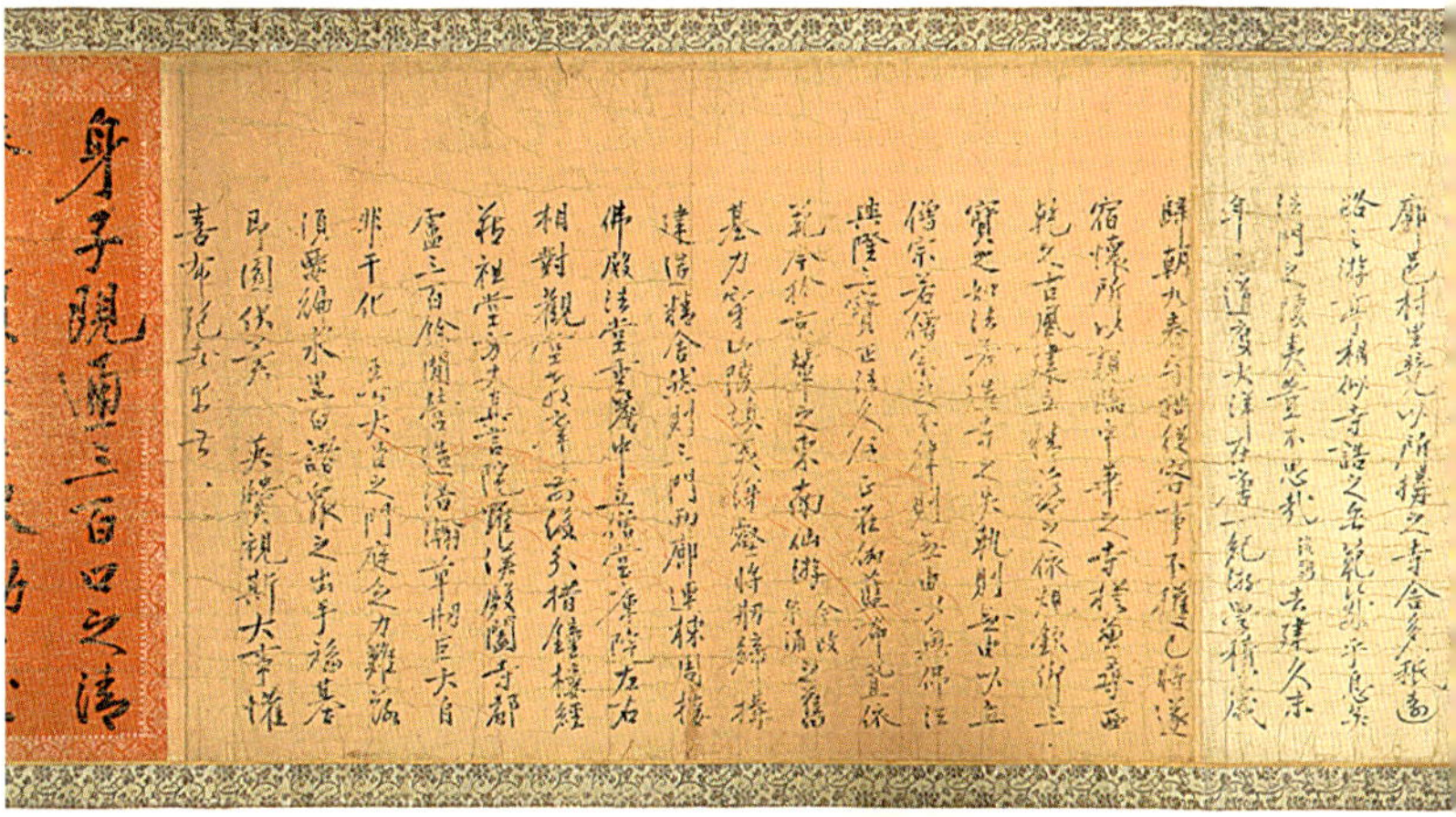

国宝「泉涌寺勧縁疏」（部分、京都市の泉涌寺蔵）。宇都宮信房から

方の小山氏らの討伐軍に加わった。

『尊卑分脈』によると、信房は宇都宮氏2代（八田《はった》）宗綱《むねつな》の弟宗房の孫になっているが、豊前宇都宮氏の庶家の『佐田系図』には「宗綱の甥《おい》だったが猶子《ゆうし》になった」と記されている。

当時の宇都宮は奥州に向かい合う最重要都市で、京武者たちが進出してきた。信房が「猶子」という擬制的な親子関係を結んだのは、宇都宮への定着を考えての行動だったのだろうか。

豊前宇都宮氏②

頼朝、信房の背中押す

豊前《ぶぜん》宇都宮氏の祖となる宇都宮（中原《なかはら》姓）信房《のぶふさ》は、平安末期の宇都宮に、最も早く進出した京武者の一人といわれる。

1183年、鎌倉を落とそうとした源頼朝の叔父志田義広《しだよしひろ》を、頼朝方の小山《おやま》氏らが迎え撃った野木宮合戦で、信房は小山氏の援軍として初めて『吾妻鏡』に登場する。ここでは「宇都宮所《ところ》信房」とあり、すでに＊「所衆《ところの》」として京都朝廷に勤仕する一方、宇都宮にも根拠を持っていったようだ。

豊前宇都宮氏は、益子町の西明寺にも痕跡を残している。境内にそびえ立つ樹高30メートル、北関東最大といわれるコウヤマキは『益子町史』によると、信房の嫡子景房《かげふさ》が植えている。本堂の天井裏納

＊木井神社

1185（文治元）年、宇都宮信房が下野から宇都宮大明神を奉じて豊前の地に仮神殿を建ててご神体を安置したのが始まり。信房はこの地を本拠地にして、領地の経営に専念したという。

福岡県京都郡みやこ町犀川木井馬場1313

【交通】平成筑豊鉄道田川線犀川駅から車で約10分。JR行橋駅から路線バスもあるが本数は少ない

豊前宇都宮氏の初代「宇都宮信房肖像」（豊前宇都宮家所蔵）

札の裏面に「承元3（1209）年5月、大檀那《だんな》の景房が本堂の再建を記念して植樹」という趣旨の墨書がある。

鎮西（九州）宇都宮氏研究者の則松弘明さんは「信房が九州に滞在していた時期に、息子の景房が信房を代理して関東で活動していた」と指摘し、大阪産業大特任教授の市村高男さんは「益子周辺の中原姓宇都宮氏の影響力は、これまで想像していたよりはるかに大きい」とみている。

＊所衆
蔵人所に属して雑事を行う。

益子は大羽に下野宇都宮氏の霊地があるが、これとは別に豊前宇都宮氏の基盤もあったようなのだ。

九州征す突破口

信房が最も活躍を見せたのは、野木宮合戦の5年後の貴海島（薩南諸島）征討とされる。

源平合戦の後、源頼朝は各地で平家の残党狩りを行わせた。九州は敗残兵の逃げ込みが予想された所であり、『吾妻鏡』は「頼朝の弟義経《よしつね》に味方した武士が貴海島に逃げ隠れしている疑い」にも触れている。義経の潜伏先は、1187年の春に奥州平泉と伝わるが、疑い深い頼朝は西海に隠れた不安をぬぐえず、義経逮捕の命令を撤回していない。

こうして薩南諸島の貴海島平定は鎮西奉行の天《あま》野《の》遠《とお》景《かげ》*に命じられ、宇都宮信房

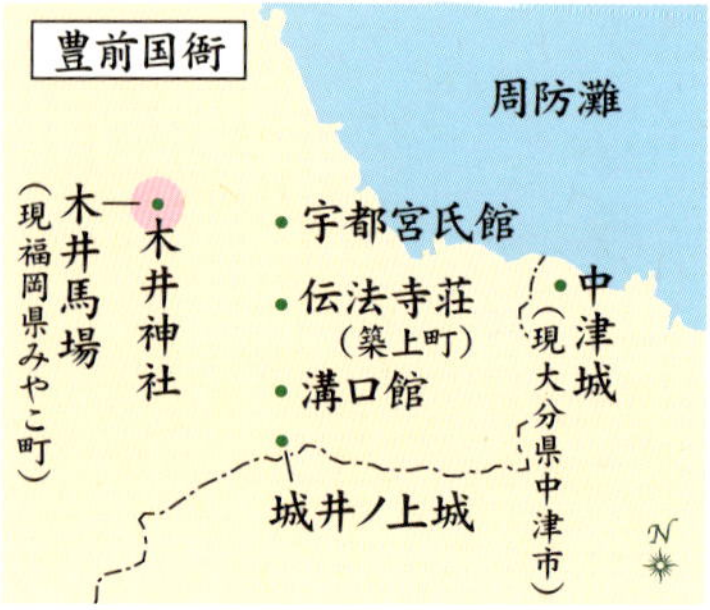

＊**天野遠景**（？—？）
1180年石橋山の戦いに加わってからの源頼朝の側近のひとり。平家や、源義経の追討、鎮西奉行となり頭御家人の統率にあたる。

らも九州に下向した。しかし、九州諸豪族の協力を得ることができずに頓挫していた。京都の貴族社会から中止勧告が出るほど困難な課題だったという。

それでも頼朝は１１８８年に再び貴海島討伐を計画。信房らが渡海して島に入り、合戦の末、制圧に成功する。則松さんは「この成功は平家の支配権が強い九州統一の突破口を開き、鎌倉幕府の権力が、九州の最南端にまで及んだことを意味した」と説明する。

信房にはその恩賞として、豊前国田川郡にある伊方荘の地頭職が与えられた。ただ信房は、ほぼ同じ時期に豊前国衙《こくが》（国役所）在庁職（役人）や伝法寺荘、柿原名などの地頭職を給付されており、九州で拠点地としたのは豊前国衙に近い仲津郡木井馬場（現福岡県みやこ町）だった。

豊前国衙在庁職や伝法寺荘などは、平家や豊前守の宇佐大宮司と結んで豊前国全体に勢威を及ぼした板井《いたい》種遠《たねとお》の所領だったが、平家与党人として没落したため信房が受け継いだ。

豊前宇都宮氏の最初の拠点地に鎮座する木井神社＝福岡県みやこ町犀川木井馬場

仏教に深い造詣

信房は本拠地にした豊前国衙に近い木井馬場に、本籍地の下野国宇都宮社から宇都宮大明神を勧請して*木井神社を建立し、その西麓に「神楽城」、北東に「毘沙《びしゃ》門《もん》城」を築いた。

則松さんによると、麓の下木井遺跡からは多くの船載陶磁器や墨書土器などが出土している。

信房は仏教に深く帰依し、木井神社の周囲に7カ寺を造営した。その一つ楞厳《りょうごん》寺に

福岡県京都郡みやこ町木井馬場の楞厳（りょうごん）寺にある宇都宮信房供養塔と伝わる五輪塔

●豊前宇都宮氏②

1183	宇都宮信房、野木宮合戦で小山氏に合力（81年説もあり）
1188	信房、貴海島制圧に成功。この年までに豊前国内に所領を与えられたか
1195	信房、木井馬場に宇都宮社から勧請し木井神社を創建
1209	信房の嫡子景房、益子の西明寺本堂を再建
1218	信房、僧俊芿に京都の泉涌寺地を寄進
1234	信房、仏教に帰依し79歳で死去

残る信房の墓は九州最大の五輪塔とされ、一族の仏教文化への深い造詣を物語る。

宇都宮氏略系図（尊卑分脈から）

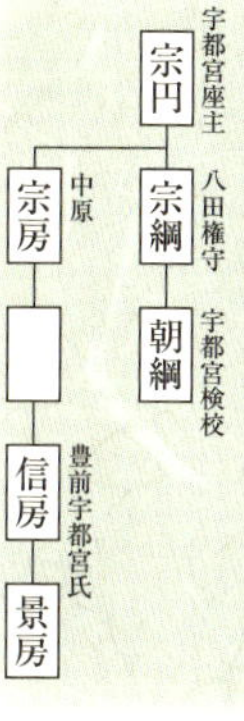

しかし信房がいつ豊前に入ったかは明確でない。

ただ、1188年5月17日の『吾妻鏡』に注目すべき記事がある。伝法寺荘を巡って、信房が頼朝に「鎮西の荘では成勝寺の執行《しぎょう》（寺経営の最高責任者）の目代に妨げられ、十分な支配ができない」と愁訴している。

これに対し頼朝は「関東にいて鎮西を思うままにしようとするのは困難なこと」と諭している。この頼朝のアドバイスが信房の背中を強く押し、一族を宇都宮や益子から九州へと向かわせたのかもしれない。

豊前宇都宮一族の墓がある如法（ねほう）寺＝福岡県豊前市山内

豊前宇都宮氏③

秀吉の「領地替え」拒否

作家の大佛《おさらぎ》次郎《じろう》が戦中に著した『乞食大将』という新聞小説は、戦後に出版され、栃木県内でも大いに話題になった。主人公は勇将後藤《ごとう》又兵衛《またべえ》基次《もとつぐ》だが、最後の豊前《ぶぜん》宇都宮氏の当主城《き》井《い》鎮房《しげふさ》が重要な位置を占める人物として描かれていたので、本籍地宇都宮でも注目度が高かった。

この作品はその後、映画化され、名優勝新太郎が「乞食であり大将でもあった」又兵衛を演じた。黒田《くろだ》孝高《よしたか》（通称官兵衛《かんべえ》、剃髪《ていはつ》して如水《じょすい》）の生涯を描いた2014年のNHK大河ドラマ「軍師官兵衛」で宇都宮鎮房と戦った官兵衛の嫡子長政《ながまさ》は、緒戦で大敗し、又兵衛とともに命からがら逃げ帰っている。

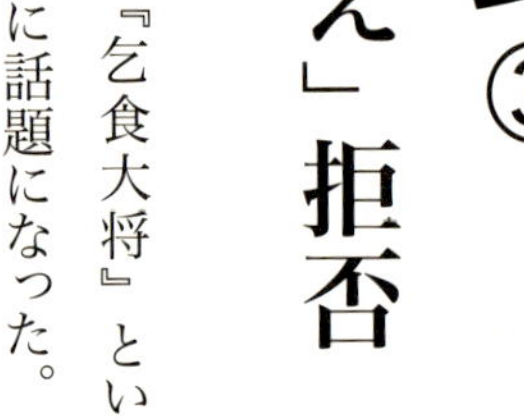

＊城井谷
福岡県築上郡築上町松丸586
【交通】JR日豊本線築城駅から車で約12分。路線バスもあるが本数は少ない

福岡県築上町教委の高尾《たかお》栄市《えいいち》さんによると、宇都宮氏は鎮房の時代には既に、初代信《のぶ》房《ふさ》時代の木井馬場（京都郡みやこ町）から、ひとつ東隣の通称「城井谷」*の伝法寺本荘（築上町）に本拠地を移していた。その山深い城井谷に籠城し、長政らを撃退した鎮房は、六尺豊かな体格の猛将だったらしい。

東京大名誉教授の石井進《いしいすすむ》さんは大佛の『乞食大将』を素材に宇都宮鎮房の勢力を「正直で武骨な根生《ねお》いの武士団」「中世武士団の最後の典型」と著書の中で紹介している。

■本領安堵を熱望

宇都宮氏の転機は南北朝時代とされる。1370年、足利一門の今川了俊《いまがわりょうしゅん》が九州探題に就任すると、了俊は九州の交通の要衝である

鎮房が拠点にした「城井谷」。中央が宇都宮氏館跡とみられる＝福岡県築上町松丸（築上町提供）

豊前を押さえようとしたため、これに宇都宮氏6代冬綱《ふゆつな》が反旗を翻した。

しかしこの戦いは宇都宮氏が敗れ、宇都宮氏に計り知れない打撃を与えた。室町時代の宇都宮氏は中国地方から出てきた大内《おおうち》氏と、豊後国から北上しようとする大友《おおとも》氏に挟まれて停滞を余儀なくされた。

鎮西宇都宮氏研究者の則松弘明さんによると、宇都宮氏18代鎮房の時代には「在地3万石の小大名」になっており、豊臣秀吉の「九州征伐」では嫡子朝房《ともふさ》が秀吉軍に参加し、島津《しまづ》攻めの先鋒《せんぽう》を担っている。

1587年、秀吉は島津義久《よしひさ》の降伏を受け入れて筑前国箱崎に凱旋《がいせん》し「九州国分け」を行う。そして鎮房の本拠地豊前国の3分の2を秀吉の参謀黒田孝高に、3分の1を腹心の毛利吉成《もうりよしなり》に与え、鎮房には「国替え」の朱印状*が渡された。

秀吉が鎮房に命じたのは、伊予国今治（愛媛県）への転封だった。しかし豊前は祖信房が源頼朝から拝領してから、400年近くも連綿と居続けた領地である。鎮房は「先祖累代の地から離れるのは嘆

＊朱印状
秀吉から「国替え」の朱印が押された公的文書が渡され、宇都宮鎮房は何と、これを返上してしまった。

かわしい」と本領安堵を熱望し、朱印状を返上してしまう。大佛は「土の香りのする頑固で不屈の面魂《つらだましい》が、ぬっと出た」と記している。

当然のように秀吉は怒った。そして「城井谷は黒田のもの。鎮房には新しい領地も与えぬ」という決定を下した、とされる。

鎮房はいったん城井谷を離れるが、豊前での領地継続が困難だとみると3カ月後に武力復帰。これを受けて黒田軍は宇都宮氏の鎮圧に着手する。しかし「城井谷の実力は人が想像する

黒田氏と宇都宮鎮房の合戦の旧跡を描いた「城井谷絵図」。
黒田藩の儒学者貝原益軒が絵師に描かせた（福岡県築上郡築上町所蔵・則松家旧蔵）

以上に強力」で、黒田長政の大軍を壊滅寸前に追い込み、若い長政を敗走させた。この勝利をみてほか在地勢力も呼応。「豊前国一揆」は激しく燃え上がった。

地域の守護神に

宇都宮氏側に立った『城井闘諍《とうじょう》記』によると、敗戦を関白秀吉に報告した長政は、秀吉から「一揆勢のなで切り」を厳命され、「宇都宮は代々の弓矢取りであり、性急な誅罰《ちゅうばつ》はなり難い。まずは謀《はかりごと》をもって討ち取るべし」と指示されている。

ただ黒田官兵衛は一枚上手だった。毛利勢の応援を得て一揆勢を包囲し、城井谷の入り口を４カ月も封鎖し、真綿で締めるように一揆勢を殲滅《せんめつ》していった。こうして孤立させられた鎮房は１５８８年正月、黒田氏と和睦にいたる。しかし鎮房は３カ月後、黒田長政に謀殺され、４００年続いた豊前宇都宮氏は歴史の表

●豊前宇都宮氏③

1370		足利一門の今川了俊が九州探題に就任
		宇都宮冬綱が反旗を翻す
1587.	3	豊臣秀吉が島津攻め。宇都宮鎮房の嫡子朝房が参加
	6	鎮房、島津義久の降伏を受けた秀吉の「九州国分け」で領地を失う
	10	鎮房、城井谷に籠城し、黒田長政軍を撃破
1588.	4	鎮房、黒田氏と和睦するが、黒田氏に謀殺される

宇都宮氏の最後の砦ともいうべき山城「城井ノ上(きいのこ)城」の表門

＊天徳寺にある宇都宮鎮房の墓に手を合わせる住職の溝口浩久さん＝福岡県築上町本庄

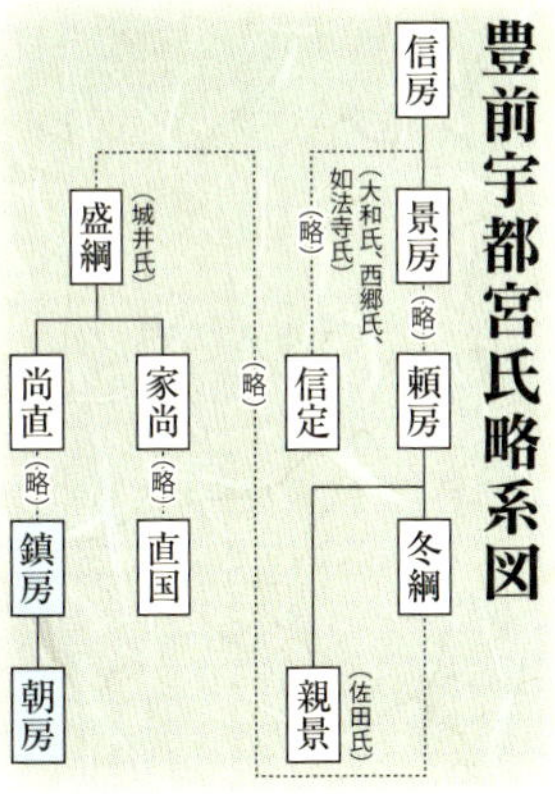

舞台から消え去ってしまう。

則松さんは「鎮房は時流をわきまえない頑迷さもあって、近世領主としては生き残れなかったが、慈愛に満ちた家父長、地域の守護神として称揚され、神格化されていった」と話す。

＊天徳寺

5代宇都宮頼房が建立。宇都宮氏の菩提寺。境内には長甫、鎮房、朝房など宇都宮氏代々の墓所がある。

福岡県築上郡築上町本庄361

【交通】JR日豊本線築城駅から車で約25分。路線バスもあるが本数は少ない

豊前宇都宮氏④

黒田氏調略　鎮房を謀殺

豊前《ぶぜん》宇都宮氏の故地である「城井《きい》谷」とその周辺には、宇都宮（城井）鎮房《しげふさ》と黒田《くろだ》氏の闘争を描いた軍記物が近世から数多く流布していた。

豊臣秀吉の逸話をまとめた「川角太閤記」によると、容易に打ち負かすことのできない宇都宮鎮房に対して黒田孝高《よしたか》（通称官兵衛《かんべえ》）親子が調略を用いている。

官兵衛は1588年1月、鎮房と和睦した後、鎮房の17歳になる娘を長政《ながまさ》の内儀《おかみ》にと、仲介者を通して申し入れた。

しかし鎮房は警戒してこれに応じようとしない。

このため黒田側が「どうしてももらいたい」と改めて申し込んだと

＊中津城

豊前国中津にあった城で、黒田官兵衛孝高が築城を開始し、細川忠興が完成させた。

大分県中津市二ノ丁本丸

【交通】JR日豊本線中津駅下車、徒歩15分

ころ、鎮房は「さらば進むべし」とやっと縁組を認めた。ただ息女が輿《こし》入《い》れをしても、警戒を解こうとはしない。

このため官兵衛は「自分が内（黒田家の本拠地である中*津城）にいると聞けば、鎮房は中津城には来ない。自分は肥後（熊本）に見回りに行くので、その留守に筑前守（長政）は鎮房に婿入りをすべきだ。打ち解けぶりを示せば、鎮房は御礼のためにこちらに来るであろう」と言い含め、肥後に出掛けていった。

黒田官兵衛が居城とした中津城。宇都宮鎮房はこの城で黒田長政に謀殺された
＝大分県中津市二ノ丁本丸

輿入れ後の4月20日、鎮房は官兵衛の予測通り「遅くなったが、お礼に参上した」と中津城にやって来た。宇都宮氏側の『城井軍記』によると、従う者は45人としている。

祝宴の最中に

ところが黒田方の記録は、鎮房の娘の輿入れを「虚説」として強く否定している。黒田藩の儒学者貝原益軒《かいばらえきけん》が編さんした『黒田家譜』は、鎮房が200人ばかりを連れて突然「長政への一礼のために」と中津城を訪問した、と記している。しかも「案内もなくにわかに押しかけて来ることますます無礼の至り。『目見えの時も無礼の体あれば即座に誅《ちゅう》すべきだ』と議定した」とある。

こうした中、登城した鎮房は長政の前に出て着座した。

鎮房は「打刀《うちがたな》を腰にさし、重代の刀を背後に立てかけ、長政を敬い慎む礼式もなく、野心面に表れ、とても降参人の法にあらず」と誇りと反逆心を隠さない。

そして祝宴に入り、その最中に野村太郎兵衛《のむらたろべえ》という黒田方の武士

黒田勢と鎮房の家臣が戦った舞台の一つ合元寺。
血潮を浴びた門前の白壁は、赤壁に塗り替えられたという＝大分県中津市寺町

が、肴を持って行くように見せかけて鎮房に切りつけ、鎮房が杯を捨てて立とうとしたところを長政自身が斬り殺した。鎮房の体は長政によってこの後、「腰のつがいから切り離された」という。

　黒田方と待機していた鎮房の侍は城外で乱戦になり、鎮房方の一部は近くの*合元寺《ごうがん》まで逃れ、斬り殺された。合元寺の境内にある大黒柱には今も、生々しい刀痕がある。鎮房の娘と乳母は『川角太閤記』によると「一つの柱にくくりつけられてなぶり殺しにされ、地位のある上臈《じょうろう》衆から端女《はしため》まで磔《はりつけ》になった」。

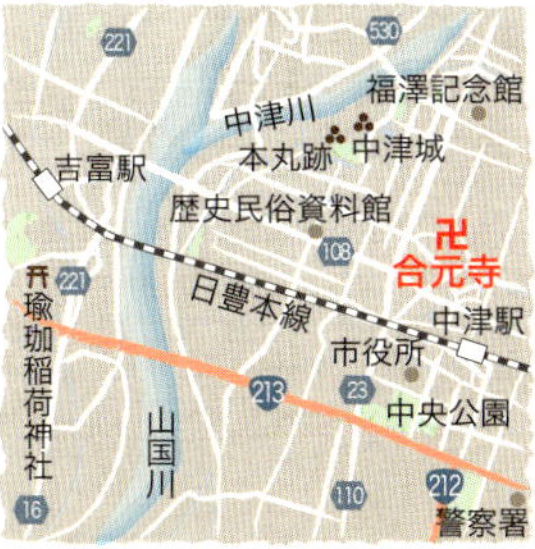

＊合元寺
浄土宗西山派の空誉上人が開山。宇都宮鎮房の従臣が黒田勢と戦い、ここで最期をとげた。庫裏の柱に現在も刃痕が残されている。
大分県中津市寺町973
【交通】JR日豊本線中津駅下車、徒歩6分

鎮房の城井城には長政自身が乗り込んで、留守居の家人を討ち果たしている。そして官兵衛とともに肥後に出掛けた鎮房の嫡子朝房《ともふさ》は、肥後で斬殺された。

この報告を聞いた秀吉は『黒田家譜』によると「心地よい次第である。手柄の段は申すばかりもない」と官兵衛に書状を送っている。『黒田如水《じょすい》伝』によれば、長政は「城井(鎮房)のことはすべて天下様(秀吉)の御下知(命令)」と回想している。鎮西宇都宮氏研究者の則松弘明さんは「長政が鎮房の体を切り離したのは、超人的な人物の持つ霊力・魔力を絶つための儀式でもあったのだろうが、鎮房への憎しみの深さもうかがえる。回想には、満足感の一方で、若干の後悔と責任逃れがあらわれている」とみている。

歌舞伎の演目

一方、地元には、鎮房は「卑怯《ひきょう》な釣り天井で謀殺された」との説さえ伝わる。

明治時代のジャーナリスト福本《ふくもと》日南《にちなん》は著書で「鎮房親子が滅ぼさ

れると、地方の遺民が命日に手に手に野バラの一枝を折って集まり、これを地上に刺して異口同音に呪った」というエピソードを記した。中津出身である福沢諭吉の「その声凄愴《せいそう》、鬼気人に迫り、戦慄《せんりつ》するしかない」という談話を引用している。

そのせいかどうか、黒田家は6代目で官兵衛・長政の血統が絶え、養子たちも病死したとされる。「御家の大変」は「鎮房の霊のいたす処」と噂になり、豊前宇都宮氏の怨霊のすさまじさが歌舞伎などで演じられるようになったという。

中津城本丸内の城井神社には宇都宮鎮房が祀られている

＊

＊城井神社

御祭神は1588年、黒田長政に中津城に招かれ、酒宴の席で謀殺された最後の豊前宇都宮氏鎮房。江戸時代の中津藩主小笠原長円が、鎮房を城の守護神として祀ったという。

大分県中津市二の丁

伊予宇都宮氏（上）

下野一族、四国にも進出

四国の愛媛県には「宇都宮さん」という名字の人が目立って多い。

愛媛県教委の専門学芸員土居聡朋《どいあきとも》さんは2011年、栃木県庁で開催された「宇都宮氏シンポジウム」で、電話帳から姓を集計した民間の調査に触れて、愛媛県南西部の西予市で1位、八幡浜市で6位、伊方町で12位、鬼北町では13位などと紹介した。

都道府県別で見ても「宇都宮さん」が最も多いのは愛媛県で、全体の3分の1を占めている。なぜこうも「宇都宮さん」が多いのか。

土居さんは「伊予宇都宮氏の活動と無関係ではない」と指摘する。

■頼綱が守護に

下野宇都宮氏と伊予国の関わりは鎌倉時代の半ばに、幕府が宇都宮氏５代頼綱《よりつな》を伊予国守護に補任したことから始まる。

土居さんによると、伊予国守護の地位は頼綱の子頼業《よりなり》に引き継がれ、この時代に宇都宮氏が瀬戸内海中央部に浮かぶ忽那《くつな》島や、伊予国東部の道前《どうぜん》平野部などで、守護としての支配を現地で行おうとした形跡が確認されている。

宇都宮氏は国府（今治市）近辺に守護所を構え、知行国主の西園《さいおん》寺《じ》氏と宇都宮氏の配下の者が活動していたようだ。大阪産業大特任教授の市村高男さんは「両氏は、歌人藤原定家の家を媒介に姻戚となっていたので、協調して伊予の支配を進められる条件を持っていた」と説明する。

伊予宇都宮氏略系図

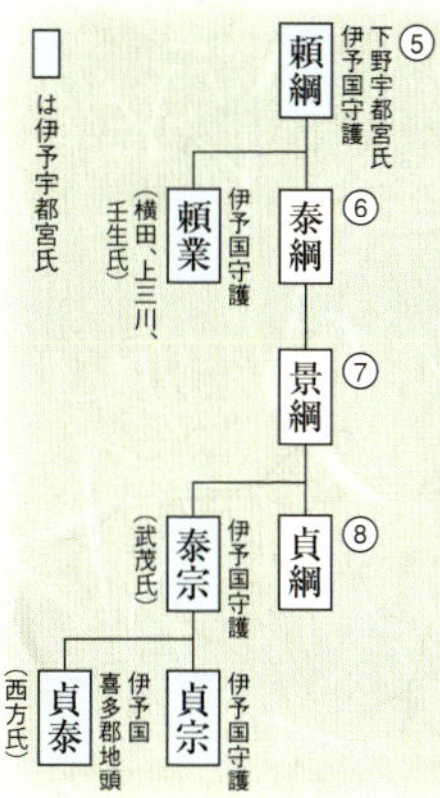

市村さんによると、頼綱・頼業の時代は重臣の芳賀《はが》、祖母井《うばがい》氏らが守護代として住み、伊予の統治に当たった可能性が高い。そして鎌倉後期になると、泰宗《やすむね》・

貞宗《さだむね》ら当主に次ぐナンバー２（後にその一族が下野に戻って*武茂《むも》氏となる）が直接、伊予に入って府中に守護所を構え、支配の深化を図ったという。

　しかし幕府の滅亡とともに、国府周辺での「守護宇都宮氏」は後退していったようだ。市村さんは「南北朝期に守護に返り咲いた河野《こうの》氏や村上《むらかみ》水軍の発展に押しやられ、名字ばかりか足跡までもが現地から消えていった」と推測している。

「中世宇都宮氏の世界」の図を加筆修正

＊武茂氏

宇都宮氏の一族で下野国武茂郡より起こる。下野宇都宮氏第7代景綱の三男泰宗が武茂郷を領して武茂氏を称したことに始まる。１４０７年、武茂持綱が本家宇都宮氏を相続して武茂氏は一時途絶えるが、その後、正綱の時代に武茂氏を再興する。

●伊予宇都宮氏（上）

1219〜1233	宇都宮氏５代頼綱、伊予守護として活動
	その後、頼綱の子頼業が伊予守護を継承
1293〜1302	宇都宮泰宗、伊予守護に（忽那家文書）
1319	泰宗の子貞宗、伊予守護を継承（小早川家證文）
1331	豊前宇都宮氏の豊房が地蔵嶽に城を築いたと伝わる（大洲旧記）
1333	この年以前、宇都宮貞泰、伊予国喜多郡地頭に
1568	宇都宮豊綱、毛利・河野・西園寺連合軍に敗れ、衰退

兄弟で影響力

一方、愛媛県西部の一級河川、肱川《ひじかわ》の流域には宇都宮氏と関係武将の形跡が残されている。肱川は鳥坂峠から103キロも肘を曲げるように蛇行して瀬戸内海に流れ込む一級河川だが、この中、下流域の喜多郡に津々木谷《つづきや》氏や笠間《かさま》氏、祖母井氏、芳我《はが》氏、水沼《みずぬま》氏ら、下野国の芳賀郡出身と思える武将の居城跡がある。

ただ、肱川中流域の大津*（洲）城と五郎地区の宇*都宮神社には、鎌倉時代末期に豊前宇都宮氏から入った宇都宮豊房《とよふさ》の伝説が残されている。江戸時代後期の『大洲旧記』は「1331年、伊予国の守護職に補せられた宇都宮豊房が、下野宇都宮家の祖神を五郎村に勧請した」とし、『大洲市誌』は「豊房は領内大津の地蔵嶽に城を築いて、養子にした貞泰《さだやす》の子宗泰《むねやす》をこれに入れた」と記している。

＊大洲城

鎌倉時代末、宇都宮氏が地蔵ケ岳に城を築いたと伝わる。羽柴秀吉の四国平定後に小早川隆景の枝城となり、以降、藤堂高虎らの居城となり、江戸時代の1617年からは加藤貞泰が入城している。

愛媛県大洲市大洲903

【交通】JR予讃線伊予大洲駅から徒歩約25分、車で約8分

ところが最近の研究で、この時期の伊予国守護は下野宇都宮一族の宇都宮貞宗だったことが明らかになっている。貞宗は武茂氏の祖泰宗の子で、1319年には伊予国守護の地位にあった。土居さんは「確実な古文書史料から初めめは下野宇都宮家当主、次いで有力庶家が代々、伊予国守護の地位にあったことが分かる。従って、豊前宇都宮氏出身である豊房の守護職在任は事実ではない」と指摘している。

＊宇都宮神社

「伊代の国守護宇都宮豊房が下野宇都宮から勧請した」と伝わるが、豊房の守護職在任は否定的に受け止められている。

愛媛県大洲市五郎2516

【交通】JR予讃線伊予大洲駅から徒歩約20分、車で約7分

鎌倉時代の中ごろ、宇都宮氏が創建したという大洲城＝愛媛県大洲市大洲

土居さんによると、鎌倉時代末期には貞宗の兄弟の貞泰が、肱川の中流域にある喜多郡の地頭職を得て、大洲に本拠を構えていた。兄弟で伊予国に強い影響力を及ぼしていたのである。

貞泰は、鎌倉幕府が倒れた後も足利尊氏に付くなどして、有力武将としての立場を獲得し続け、後に下野*西《にし》方《かた》氏の祖となっている。

中世の400年間、四国の伊予国は宇都宮氏とのかかわりが深かった。土居さ

下野宇都宮氏ゆかりの宇都宮神社。『日光山并当社縁起絵巻』２巻を所蔵している＝愛媛県大洲市五郎

＊西方氏

西方景泰は武茂泰宗の二男。西方城を築いて西方氏を称したという。『西方町史』は「西方景泰と伊予国喜多郡の地頭宇都宮貞泰は同一人と考えられている」としている。

んは「確かな史料では神官領主だった下野宇都宮氏とのつながりを確認できるし、豊前宇都宮氏との間に何らかの交流があったことも推定される。そのことを地元の人々に、もっと伝えていきたい」と話す。

愛媛県大洲市の宇都宮神社入口（上）、宇都宮神社本殿（下）

伊予宇都宮氏（中）

大洲に眠る宇都宮社絵巻

愛媛県に複数残されている「宇都宮神社」の一つ、大洲市五郎地区の宇都宮神社*には『日光山并《ならびに》当社（宇都宮社）縁起』と題する上下2巻の絵巻がひっそりと眠っている。

地元の研究者三好正文さんによると、絵巻はその名の通り、下野国にある日光山の信仰と宇都宮社（現宇都宮二荒山神社）の由緒を語っている。

この中で神官領主の宇都宮氏が「貴種としての血筋」「都で培った政治能力」「弓や馬を見事に駆使する能力」を併せ持った「武家の棟梁」にふさわしい家柄であることを高らかに宣言しているという。

奥書に「文明9（1477）年正月11日　右馬頭《うまのかみ》正綱《まさつな》」と花押《かおう》が

*宇都宮神社
伊代の国守護宇都宮豊房が下野宇都宮から勧請奉祀。
愛媛県大洲市五郎2516
【交通】JR予讃線伊予大洲駅から徒歩約20分、車で約7分

あり、室町後期の下野宇都宮家16代正綱が作らせた可能性が高い。ただ、大洲宇都宮神社は現時点で絵巻を「ご神宝につき非公開」としており、調査は難しいとみられている。

筆跡がほぼ一致

当時の下野宇都宮家は家督を継いでいた明綱《あきつな》が亡くなり、子がなかったため、一族の武茂《むも》家を継承していた17歳の弟正綱が宇都宮家の当主を兼ねた。正綱は下野宇都宮社の社務職《しゃむしき》として、20年に1度という大造替《ぞうたい》の準備を進めていたが、この大事業の直前の1477年に戦死している。

2017年秋の栃木県立博物館「中世宇都宮氏」展で講演した元博物館技幹で日光観音寺住職の千田孝明《ちだこうみょう》さんは、絵巻について「原本による史料分析が今後の課題だが、正綱自身が署名と花押をしたため、下野の宇都宮社に奉納したことが確実」とみている。1474年、浄土真宗高田派10世真慧《しんね》が伊勢国（三重県）一身田に創建した寺院の寺額のために、正綱が『無量寿院』と揮毫《きごう》をした文書があり、この筆跡と絵巻の花押や筆跡とが写真による比較ではほぼ一致したという。千田さんは「どういうご縁か詳《つまび》らかではないが、奉納後に宇都宮から大洲に行ったものと考えられる」と推測している。

この絵巻は『日光山縁起』という名称で紹介されてきたため、日光山の縁起だとイメージされがちだ。

しかし千田さんは「巻名のように『日光山』と『当社』、つまり『宇都宮社』の縁起を説くことが目的だったことを

『日光山并当社縁起絵巻』の付図。
『愛媛県大洲宇都宮神社 日光山縁起』（三宅千代二編）より転載。
右側の鳥居の脇に「贄木」、左の鳥居に「麻積森」と注記がある

宇都宮市徳次郎町にある智賀都神社

再認識すべきだ。それは下野国『宇都宮社』の縁起が、まずは日光山から説き起こす必要があったからだ」と指摘する。

絵巻は『大洲本』のほかに新潟県東蒲原郡の実川《さねがわ》に伝わった『実川本』『日光本』と3種類あり、『実川本』の奥書には「金剛仏子貞禅《じょうぜん》」という下野宇都宮社の僧名が入っている。注目されるのは下巻に下野宇都宮社の社殿と境内の様子を克明に描いた絵図が付いていることだという。

御橋鳥居の先に釜川が流れ、御橋を進むと「下馬」と記された神域に入り、右側に「日光」堂がある

晴れ舞台に用意

絵図にはまず、鳥居と2本のご神木が描かれ、鳥居の脇に「贄木《にえぎ》」と注記がある。そして二つ目の鳥居が描かれ、その奥に拝殿と本殿が並んでいて、背後に大きな森を成し、鳥居の脇に「麻積《おみの》森《もり》」とある。この「贄木」と「麻積森」について、千田さんは「日光街道沿いにある徳治郎の智賀都《ちかつ》神社と、その背後の森を指している」と説明する。さらに図をみると、その先に「高尾神」という注釈の社殿が1棟建って

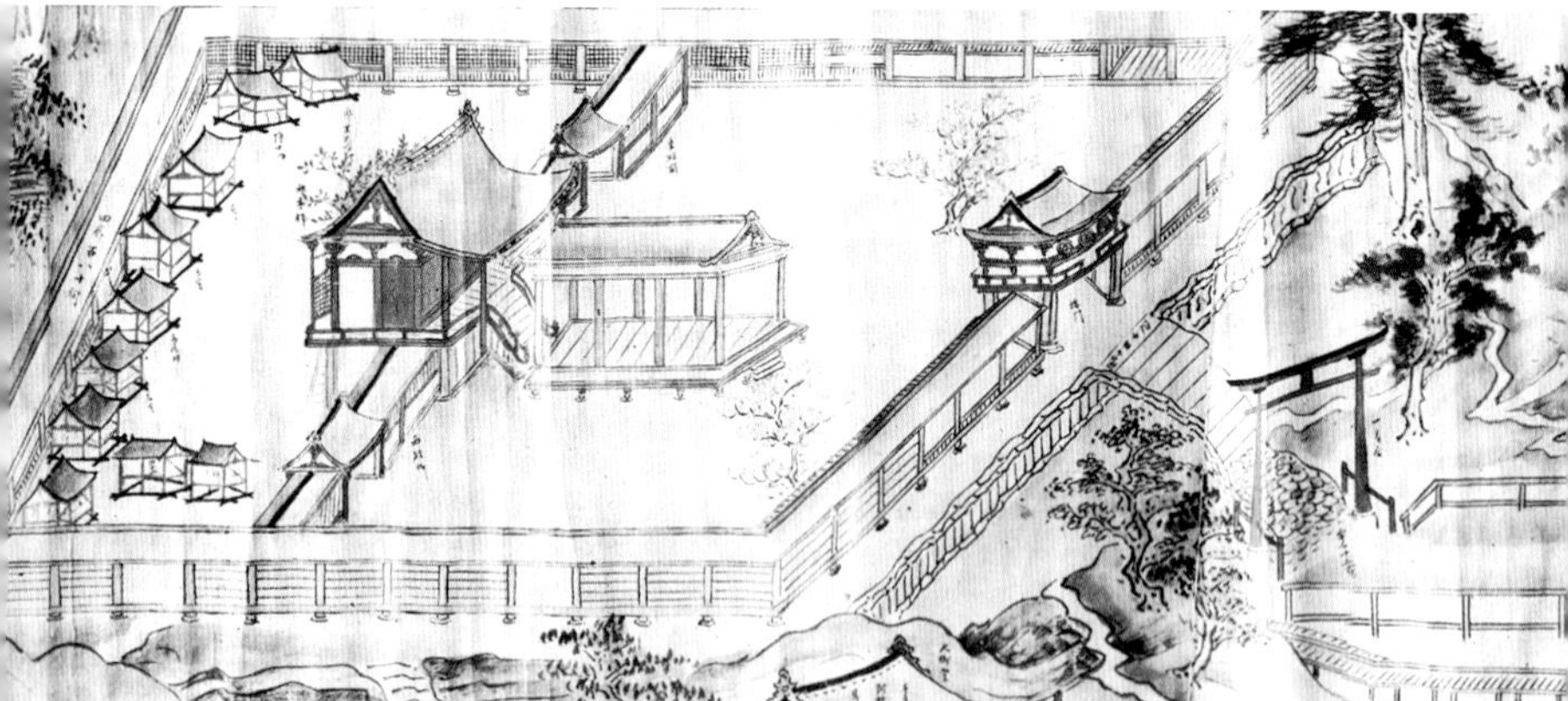

中央に拝殿と本殿が描かれ、本殿の床下から左右に建物が延びて東経所、西経所がある。西経所に金剛仏子貞禅が住侶していた。鳥居の左側に神宮寺とみられる「大御堂」が屋根だけみえる

いる。現在、宇都宮市上戸祭2丁目にある高靇《たかお》神社がこれに相当するという。

この奥に再び鳥居が立って川が流れ、橋が架けられている。「釜川」と「御橋《みはし》鳥居」で、この先は聖域を表しているという。御橋を進むと現在の馬場通りに相当する広場があり、右側に楼門を抱える社殿「日光」と、その向かいに「大御堂」として屋根だけが見える建物が「神宮寺」とみられる。さらに「一鳥居」をくぐり石段を登ると、中央に拝殿と本殿が描かれている。

そして本殿の左右に「西経所《にしのきょうしょ》」「東《ひがしの》経所」の注記があり、「西経所」に『実川本』に登場し、縁起絵巻を作成した僧貞禅の居所があったという。正綱はなぜこのような縁起絵巻を作らせたのだろう。

千田さんは「宇都宮社務職の正綱は、『大造替』という晴れ舞台で、日光山との関係を説明するために絵巻を用意したのだろう。日光山と宇都宮社の関係を、伊勢神宮の内宮と外宮のように認識していたのではないか」とみている。

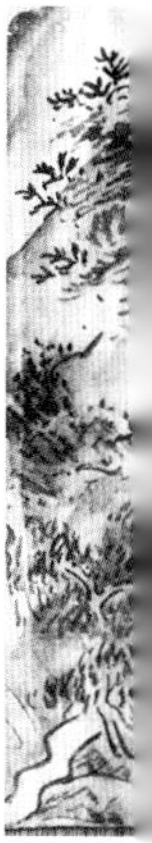

日光山中禅寺歌浜で戦勝の歌舞に興じる日光男体・日光女体・宇都宮と鹿嶋明神

伊予宇都宮氏（下）

下野国へ帰還、西方氏に

下野宇都宮氏の一族西方《にしかた》氏の*西方城跡は、栃木市西方町の東北道の西側を南北に延びる、標高220メートルほどの丘陵の中間にある。東北道の下をくぐって登山口の駐車場に車を止め、城跡に向かう。滑りやすい竹林、屈曲して倒木もある急峻《きゅうしゅん》な獣道を25分ほど登り続けると、山頂部に戦国時代のものだろうか、本丸の曲輪《くるわ》群が見えてきた。

西方という旧町名は、南北朝時代の領主が「宇都宮の西方」にあることから、「西方氏」を名乗ったのが始まりとされる。その西方氏の始祖は、どのような人物だったのだろうか。

『西方町史』は、「宇都宮氏系図で西方氏を称した景泰《かげやす》と、伊予国（愛媛県）喜多郡の地頭になった貞泰《さだやす》は、同じ遠江守《とおとうみのかみ》を称している点な

宇都宮氏の西の防御拠点だった「西方城」の本丸曲輪跡＝栃木市西方町元

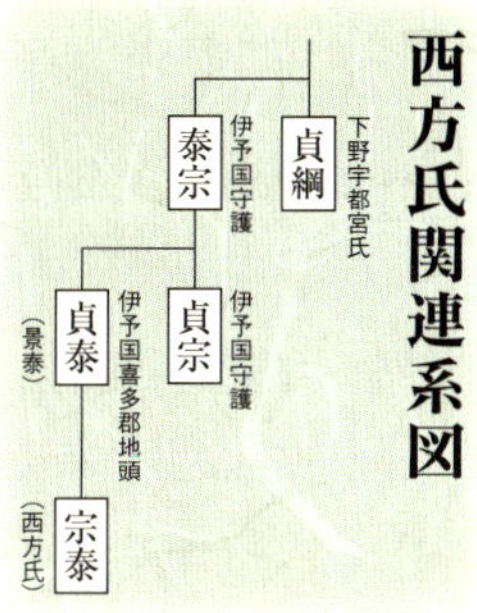

どから同一人と考えられる」と記している。
筆者の上三川高校長、松本《まつもと》一夫《かずお》さんは「西方氏の始祖かもしれない宇都宮貞泰が活動した場所は下野ではなく、遠く離れた伊予国内であったことが、確かな証拠によって分かるのです」と話す。

衝撃的な民話

愛媛県南西部には、宇都宮氏が関係する伝説が存在する。大洲市教委がまとめた「昔ばなし」には「宇都宮氏が大津（洲）城を築いたとき、高石垣が何回積んでも崩れてしまうので、神の怒りを鎮めるために未婚の女性を人柱に立てた」という衝撃的な民話がある。

おひじという若い女性が白装束をまとって土中に埋められると、石垣が崩れなくなり立派な城ができあがったという。こうして城下を流れる川におひじの名前が付いて「肱川《ひじかわ》」と呼ばれるようになった」と伝わる。

この伝説に登場する宇都宮氏を九州の豊前宇都宮氏出身とみる向

＊西方城跡

鎌倉時代、宇都宮景綱の三男で武茂泰宗の次男の西方景泰が築き代々西方氏の居城となる。一度皆川氏に奪われるが、宇都宮国綱の頃に取り戻す。だが1590年豊臣秀吉の小田原征伐により廃城となったと伝えられる。

栃木県栃木市西方町元

【交通】東武日光線東武金崎駅から徒歩約35分。または北関東自動車道都賀ICから登山口まで車で約15分。長徳寺脇から登れる。道が急なので注意宇都宮貞泰が保護をした伊予の西禅寺。
宇都宮の興禅寺から僧を招いて開山とした＝愛媛県大洲市手成甲

きもある。現在の大洲城の説明板などにも「（豊前出身で伊予国守護になった）宇都宮豊房《とよふさ》が１３３１年、地蔵嶽に城を築いた」と記されている。

しかし大阪産業大特任教授の市村高男さんは「下野側の史料ではこのような事実は一切確認できず、史実としてみなすのは危険」と指摘している。

この時代の大洲を含めた喜多郡を統治していたのは、下野出身の「宇都宮貞泰」だったことが最近の研究で確認されている。

１３３３年２、３月には、伊予国喜多郡地頭職の「宇都宮遠江守」らが喜多郡の「根来山」に城郭を構え、反幕府方の忽那《くつな》氏らと交戦している。愛媛県教委の専門学芸員土居聡朋さんも、このことから「貞泰は33年2月以前に喜多郡の地頭職の地位を手に入れていたことが分かる」と説明する。

貞泰は１３５２年、喜多郡の西禅寺*に年貢を寄進し、寺を保護している。西禅寺は、宇都宮の興禅寺の禅僧真空妙応《しんくうみょうおう》*を招いて開山と

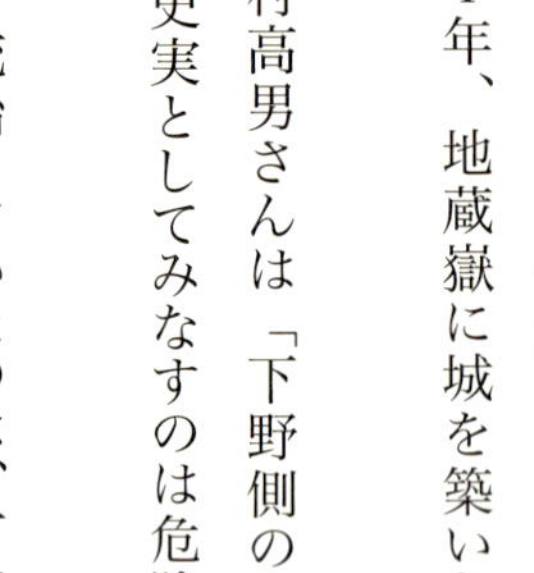

＊西禅寺
下野出身とされる続木谷氏の菩提寺で、肱川から山の手に入った手成地域にあり、宇都宮氏ゆかりの「西禅寺文書」が伝来する。
愛媛県大洲市手成甲６１５
【交通】JR予讃線伊予大洲駅から車で約45分
※最寄りはJR予讃線八多喜駅（無人駅）

しており、貞泰が下野宇都宮氏の人脈に頼っていたことも明らかになっている。

日光山モドキ

貞泰の兄弟貞宗《さだむね》は、最近の研究で伊予国守護に就いていたことが確認されている。武茂《むも》氏の流れにある2人の父泰宗《やすむね》も伊予国守護になったことが分かっている。

貞泰が城郭を構えていた「根来山」についてはいくつか説があり確定はしていない。その説の一つ、大洲市五郎の宇都宮神社の丘に立つと、肱川の先の秀麗な神南山が目に入る。地元の歴史研究者三好正文さんによると、この神南山は男神南と女神南の二つの峰から成り、西麓には太郎神社が存在する。

＊**真空妙応**
南北朝時代の臨済宗の僧。宇都宮貞綱により下野宇都宮の興禅寺を開山。

三好さんは「それはまさに男体山などの3山からなる日光山のモドキなのであり、伊予宇都宮氏は故郷の日光山に見立てた神南山を仰ぐ四神相応の地に館を構え、喜多郡を支配し続けた」とみている。下野宇都宮氏の当主と同様、神官領主としての統治を模索していたのかもしれない。

ただ兄弟の活動舞台は、ほとんどが伊予と京都に限られ、下野に戻った気配がない。ならばだれが下野に帰還し、西方氏と呼ばれたのだろう。

市村さんは「伊予に移った宇都宮氏一族の中にはそのまま伊予に定着する者もいれば、再び下野に帰還する者も存在した。西方氏の成立は、貞泰の活動が途絶えた後、その子の宗泰《むねやす》が東国に戻り、鎌倉公方から下野国内に所領を与えられたと思われる」と指摘。

松本さんも「旧西方町の寺社の中には貞泰を西方氏の祖と推測できる所伝があるが、実質的な西方氏の成立はこの宗泰の下野帰還後だろう」とみている。

●伊予宇都宮氏（下）

1333	喜多郡地頭宇都宮氏が「根来山」に城郭を構え忽那氏らと交戦
1334	賀茂社行幸の足利尊氏軍勢に「宇津宮遠江守貞泰」が加わる
1335	宇都宮貞泰、中先代の乱で足利軍に従軍
1341	天龍寺創建の地鎮祭に、足利尊氏らに交じって貞泰が参加
1347	足利尊氏の楠木正行討伐軍に貞泰が加わる
1352	喜多郡地頭の宇都宮貞泰、同郡の西禅寺に年貢を寄進
1354	貞泰、足利直冬の家人が喜多郡に乱入して城郭を構えたと幕府に訴える
1563	宇都宮豊綱、毛利・河野連合軍の攻撃を受け衰退
1570	北条氏直に攻められ下野国の西方城が落城

対立と分裂、そして…

南北朝の対立から「観応の擾乱《じょうらん》」と続いた中央政権の混乱は、宇都宮一族・家臣にも分裂と対立をもたらした。

南北朝内乱では9代公綱《きんつな》が元弘の乱に鎌倉幕府方として出陣し、幕府の崩壊後は後醍醐《ごだいご》天皇の建武政権に従って、その後も南朝方として各地を転戦。これに対して重臣芳賀《はが》氏に擁立された幼い氏綱《うじつな》は足利尊氏の北朝に付いて、尊氏兄弟が対立した観応の擾乱でも尊氏を支援するなど、親子で分裂した。

室町後期には鎌倉公方と室町幕府・関東管領の抗争が激しくなり、宇都宮氏も両者の対立に巻き込まれ、14代等綱《ともつな》は鎌倉公方に宇都宮城を包囲され、一度は出家して奥州白河で客死している。

宇都宮氏はこの後、鎌倉公方の後身である古河公方に従う一方、新たに周辺武士を家臣化して「宇都宮家中」を形成し、結束力を高めようとした。しかし戦国時代には北条氏、上杉氏の侵攻が本格化し、家中の対立も深刻化したという。

そして22代国綱《くにつな》の時代には、豊臣秀吉に領地支配を認められながら最終的に改易され、豊前、伊予宇都宮氏と同じ時期に400年を超える歴史の幕を閉じている。ここでは「乱世と一族」を取り上げ、滅亡した後も下野に残された宇都宮氏の「遺産」について考える。

貞綱・公綱

「坂東一の弓矢取りなり」

宇都宮市今泉3丁目の興禅寺*には8代貞綱《さだつな》、9代公綱《きんつな》の墓とされる高さ3メートルほどの巨大な二つの五輪塔が、寄り添うように立っている。

貞綱は蒙古*の襲来があった鎌倉後期に、六波羅軍の大将として九州に出陣し、その功績によって戦後、引付衆に任じられ、1314年に興禅寺を開いた。

下野宇都宮氏の研究者石川速夫さんの著書によると、かつては寺の南に田川畔まで興禅寺馬場と呼ばれた参道があり、その一角に貞綱と公綱の五輪塔があったが、現在は山門内の西側に移されている。

●貞綱・公綱

1281	宇都宮貞綱、蒙古襲来に際し六波羅軍の大将として出陣
1312	貞綱、母の13回忌に鉄塔婆を建立か
1332	宇都宮公綱、元弘の乱で上洛、天王寺で楠木正成と渡り合う
1333	鎌倉幕府が滅亡。公綱、千早城を攻めるも奈良に退いて降伏
1334	公綱、建武政権から雑訴決断所一番奉行に任じられる
1356	公綱没する

住職の石川《いしかわ》元信《げんしん》さんは「公綱クラスの武将ならば独立して寺院があってもおかしくないが、室町幕府と対立した南朝に付くことが多かったので、息子の氏綱《うじつな》が室町幕府に遠慮して、祖父（貞綱）の寺に葬ったのでしょう」と説明する。

楠木正成と対峙

宇都宮市史は、公綱の母を北条（赤橋《あかはし》）長時《ながとき》の娘としているが、出自について不明な点が多いという。市史によると、公綱の兄に芳賀《はが》氏の娘から生まれた高貞《たかさだ》がいたが、高貞は芳賀家を継いだので、公綱が鎌倉時代末から南北朝に至る乱世の中で宇都宮家の総領となった。

特に鎌倉幕府の命を受けて上洛《じょうらく》し、摂津（大阪）天王寺で官軍側の名将*楠木正成《くすのきまさしげ》と対峙した場面のエピソードと『下野国誌』で紹介されている公綱の画像は、凛として勇猛な東国武士の姿を示している。

『太平記』によると1332年7月、天王寺に陣を敷いた楠木軍は、

興禅寺の五輪塔。右が8代貞綱、左が9代公綱の墓とされる＝宇都宮市今泉3丁目

＊興禅寺

臨済宗妙心寺派の寺院。8代宇都宮宇都宮貞綱が黒羽雲巌寺で住職をしていた真空妙応禅師のために、寺院を建立して興禅寺としたのが始まりとされる。

栃木県宇都宮市今泉3—5—13

【交通】JR宇都宮線宇都宮駅から徒歩5分

5千余騎もの大軍を擁した鎌倉幕府の六波羅軍と戦って撃破。関東からやって来た30歳の公綱は「負腹《まけばら》を立てた」六波羅探題の依頼を受けて、この雪辱戦に向かうことになる。

公綱の出陣を知った楠木軍の武将は「相手はわずか五、六百騎。一気に打ち散じましょう」と進言。しかし暫く考えていた正成は「小勢で来るのは決死の覚悟に違いない。その上、宇都宮は『坂東一の弓矢取り』であり、従う紀清両党は命知らずの軍勢だ。長い戦いは無用、ここは一度退くのが得策」と撤退を決める。

このため宇都宮軍が天王寺に着いた時には、楠木軍の姿はどこにもなく、戦いは行われなかった。

しかし天王寺を占拠した宇都宮軍は楠木軍が毎夜、周囲でたいまつをたくなどの神経戦を展開したこともあり、数日後には陣を解いて六波羅に戻っている。こうして天王寺は再び楠木軍が占拠しているが、太平記は両者を「戦わずに智謀《ちぼう》を戦の先にまでめぐらした良将」とたたえている。

＊蒙古襲来（元寇）
元の世祖フビライは高麗を征服した後、日本にも服属を迫り、鎌倉幕府が拒否したため1274（文永11）年、1281（弘安4）年の2回にわたり、大軍をもって北九州に襲来した。宇都宮貞綱は弘安の役の際、六波羅派遣軍の大将に任じられ、多くの軍兵を率いて北九州に出陣したが、モンゴル兵は敗走した後だったという。

＊楠木正成
（1294頃―1336）
河内の土豪。後醍醐天皇を奉じて鎌倉幕府打倒に貢献。建武政権樹立に貢献し、河内和泉の守護となる。1336年、摂津湊川の戦いで足利尊氏に敗れ自刃。大楠公。

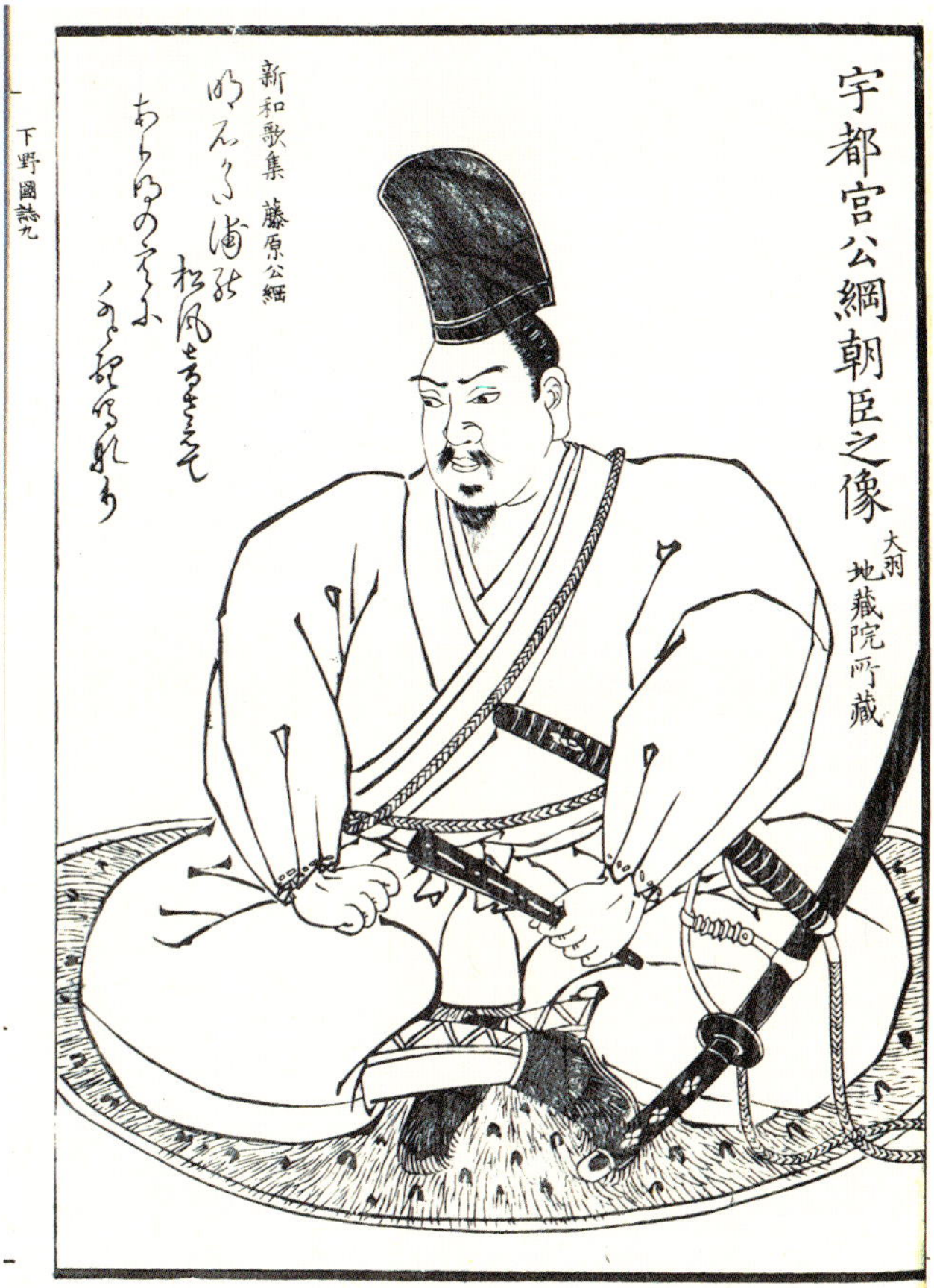

『下野国誌』所収の宇都宮公綱像（真岡市立図書館蔵）

幕府の法曹官僚

それにしても公綱はなぜ、手ごわい楠木軍に独力で立ち向かっていったのだろうか。上三川高校長の松本一夫さんは「単なる武力一辺倒ではなく、下野宇都宮家が鎌倉幕府の法曹官僚の特質を持った武士だったこともあったかもしれない」と指摘している。

6代泰綱《やすつな》、7代景綱《かげつな》、8代貞綱の3代は鎌倉幕府の引付衆・評定衆を務め、景綱、公綱は「東使《とうし》」として山門の紛争や内裏で起こった事件を処理するため、幾度か上洛している。下野宇都宮氏は幕府から有効な軍事力を持つ存在とみなされ、重用されていたという。

8代貞綱が母の十三回忌供養のため造立した鉄塔婆のレプリカ（県立博物館蔵）。実物は現存する鉄製塔婆としては日本最古とされ、清巌寺（宇都宮市大通り5丁目）に保存されている

松本さんは「『宇都宮は坂東一の弓矢取りなり』という公綱の評価も、それだけをみると唐突な印象を受けるが、こうした実績を踏まえてのものとみれば理解しやすい」と話している。

鎌倉幕府が倒れ、*後醍醐《ごだいご》天皇の建武政権が誕生すると、公綱は後醍醐天皇方として行動する。建武政権を離反した足利尊氏との戦いで公綱は一度は尊氏軍に下ったが、尊氏軍を抜け出し、以降はほとんど南朝側に立って各地を転戦している。

栃木県立博物館学芸部長の江田郁夫さんは「公綱は鎌倉幕府の秩序を色濃く引き継いだ文化人であり、劣勢になっても強者の流れに従うことを潔しとはしなかった。リアリストになりきれなかった」と指摘する。

下野宇都宮家の家宰芳賀禅可《ぜんか》はこんな公綱に見切りをつけて、公綱の嫡子氏綱を10代当主に擁立し、尊氏の北朝に従うようになる。

宇都宮・芳賀氏系図

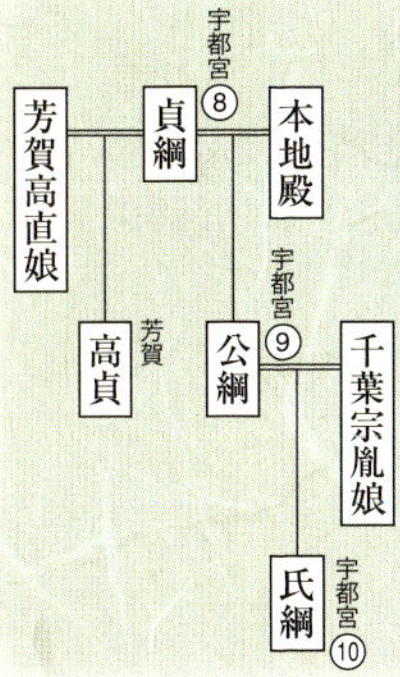

＊後醍醐天皇（1288—1339）
96代天皇。天皇親政を目指し、2度の倒幕計画に失敗。隠岐に流された後、建武政権樹立に成功するが、政局を安定させることができずに尊氏の離反を招いた。1336年、吉野に逃れて南朝を樹立、1339年に病没した。

氏綱と芳賀氏

尊氏支え歴代最大勢力に

宇都宮氏の重臣、芳賀氏の居城だった飛山城跡
＝宇都宮市竹下町

下野宇都宮氏の重臣*芳賀《はが》氏（清原《きよはら》氏）の中世城館「飛山城跡*」は、宇都宮市の中心から東へ約7キロ、鬼怒川左岸の丘陵にある。

『真岡市史』によると、芳賀氏は天武《てんむ》天皇の第5皇子舎人《とねり》親

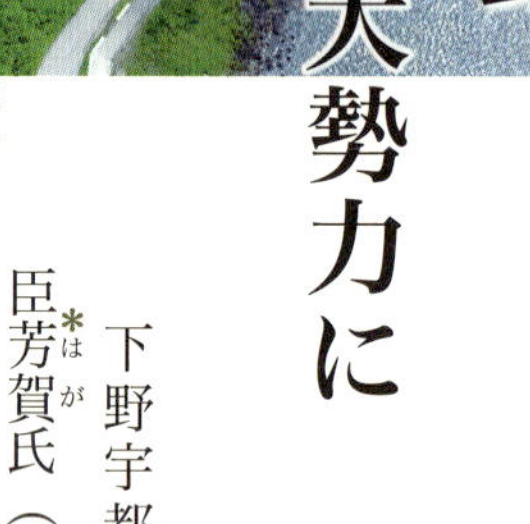

＊飛山城跡

芳賀氏の飛山城跡西崖からは、宇都宮市内とその奥の日光連山、那須連峰を一望できる。1992年の史跡整備で旧石器時代の土杭と古代の外敵の襲来などを急報するために使う「烽家（とぶひや）」墨書土器が発見され、地域住民による城址の保存活動があって2005年、「飛山城史跡公園」として開園し、現在に至っている。

王の後裔《こうえい》清原高重《たかしげ》が985年、花山《はなやま》天皇の勅勘をこうむり、下野国の芳賀郡衙《ぐんが》に近い大内荘鹿島戸郷（現真岡市京泉）に配流された。その子孫が1076年、五行川の東岸の若色広地に居城を築いて移り住み、「芳賀」を名乗ったと伝わる。

ただ『真岡市史』は「これらを示す史料は全くない」とし、「在地性の強い武士団が院政時代の動乱の中で宇都宮氏に臣従していったのではないか」と記している。

芳賀氏は1189年の奥州合戦の働きで、益子《ましこ》氏（紀《き》氏）と並ぶ精鋭武士団の「紀清両党」と呼ばれるようになり、鎌倉後期の芳賀高俊《たかとし》が鬼怒川沿いの要害の地に飛山城を築いたとされる。

栃木県立博物館学芸部長の江田郁夫さんは「河内、芳賀両郡の境界である飛山の地を押さえることによって、鬼怒川の舟運や流通を掌握し、河内郡を領する主家宇都宮氏への接近を図った」とみている。

別の行動を取る

ところが芳賀氏は、宇都宮家当主9代公綱《きんつな》が生きた鎌倉幕末から

栃木県宇都宮市竹下町380―1（とびやま歴史体験館）
【交通】JR宇都宮線宇都宮駅西口からJRバス道場宿経由祖母井行・道場宿経由茂木行で25分、「下竹下」下車徒歩10分

＊芳賀氏
下野国大内鹿島戸に配流された清原高重の子孫が若色広地に居城を築いて「芳賀氏」を名乗ったとされる。そして鎌倉時代の永仁年間（1293～98）に飛山城が築かれ、14世紀にはその子孫が氏家郷勝山に拠点を置いた。宇都宮市文化課の今平利幸さんによると、芳賀氏は中世後半に真岡城を拠点にしており、宇都宮家中の「御宿家老」という立場から宇都宮城下にも屋敷を構えていたようだ。

南北朝内乱期にかけて、当主とは違った動きをすることもあった。幕府の崩壊後、ほぼ一貫して後醍醐《ごだいご》天皇の南朝に付いて転戦したが、重臣の芳賀高名《たかな》（禅可《ぜんか》）は本国宇都宮で幼い氏綱《うじつな》を10代当主に擁立して補佐し、北朝の足利尊氏に属して公綱とは別の行動を取った。

この背景について、宇都宮氏の研究者石川速夫さんは「乱世の中で、どちらに転んでも生き延びることができるように、という悲しい知恵だった」とし、博物館の江田さんは「機を見るに敏で先見性のあった芳賀禅可の影響が大きかった」と推測している。

芳賀氏の菩提寺海潮寺蔵の「芳賀高名（禅可）像」＝真岡市田町

高名の居城飛山城は1341年、南朝方に攻められて落城してしまうが、宇都宮勢はすぐに飛山城を奪回。そして1351年、宇都宮勢は尊氏が弟直義《ただよし》と対立した「観応の擾乱《じょうらん》」*で、窮地に立った尊氏の催促に応じて尊氏軍に勝利をもたらす。

この「薩埵山《さったやま》合戦」の後、尊氏は弟直義を支援した上杉《うえすぎ》氏から上野・越後の守護職を奪い取り、宇都宮氏綱に与えている。これに伴い芳賀氏もそれぞれの守護代になったとみられる。

南北朝期の宇都宮氏を研究した宇都宮市旭中の元校長清水昭二《しみずしょうじ》さんは「氏綱の上野、越後守護在職はわずか十余年にすぎないが、宇都宮氏の歴史の中でも最も勢力の大きい時期だった」と指摘する。

南朝勢力に敗れ

しかし1358年に尊氏が没すると様相が一変する。

鎌倉府の足利基氏《もとうじ》は1361年、越後にいた上杉憲顕《のりあき》を関東管領として呼び戻し、宇都宮氏綱が得ていた越後守護職を取り上げ、憲顕に与える。

＊観応の擾乱
（1349—1352）
足利尊氏・直義兄弟による将軍権限の分割政治（二頭政治）のもつ矛盾による両派の分裂と、それによって引き起こされた全国的争乱。足利氏内部にとどまらず、南朝と北朝、それを支持する武家や公家どうしの確執なども乱の背景にある。

『太平記絵詞 中巻』（国立歴史民俗博物館蔵）。右側に南朝方のこもる竜門山（和歌山県）へと向かう芳賀高貞を、涙ながらに見送る父、高名の姿が描かれている

これに怒った氏綱の後見役芳賀高名は1363年、上野国板鼻（群馬県安中市）で鎌倉に戻る途中の憲顕を迎え撃とうとした。ところがこの動きを知った足利基氏軍と武蔵国で衝突し、芳賀勢は惨敗してしまう。

基氏の没後、上杉勢が宇都宮城に迫って氏綱が降伏し、宇都宮氏らの新領は没収された。

『下野国誌』によると氏綱は1370年、南朝勢力を撃破するため

に紀州を転戦したが、南朝勢力の抵抗に遭って敗れ、紀州の名刹粉河寺で病にかかり亡くなっている。

そして下野国ではこの10年後に起きた小山《おやま》義政《よしまさ》の乱で、代々下野守護を務めてきた小山氏宗家が宇都宮氏との争いを契機に鎌倉公方の討伐指令を受け、関東管領上杉氏らに滅ぼされた。

こうして尊氏の「薩埵山体制」で中心的存在だった宇都宮氏の勢力が削がれ、小山氏も葬り去られた。『前橋市史』は「関東で上杉氏に対抗できる豪族は存在しなくなった」と記している。

●氏綱と芳賀氏

1189	奥州阿津賀志山の合戦で「紀権守芳賀次郎大夫」が戦功挙げる
1293〜98	芳賀高俊が飛山城築く
1332	宇都宮氏9代公綱、天王寺の合戦で楠木正成と対峙
1341	南朝方に攻められ、芳賀氏の居城飛山城が落城
1351	10代氏綱、駿河薩埵山合戦で足利尊氏を救援。戦後、氏綱は上野・越後の守護に
1363	氏綱、越後守護を罷免される。芳賀氏、鎌倉公方足利基氏と戦い敗れる
1368	氏綱、鎌倉公方足利氏満に宇都宮城を攻められ降参
1370	氏綱、紀伊の南朝勢力撃破のため出陣するも、紀州粉河寺で病死

上江戸幕府が作成した『日光道中分間延絵図』（東京国立博物館蔵）に描かれた宇都宮の粉河寺（印）。寺内に「御宮」が立ち、左側（東隣）に宇都宮大明神（宇都宮二荒山神社）がある

室町時代の当主

足利一族の対立から分裂

宇都宮市塙田1丁目の栃木県庁南隣には、幕末までひときわ目立つ大寺院があった。

室町時代の下野宇都宮氏12代満綱《みつつな》が建てたとされる「*粉河《こかわ》寺」である。『下野国誌』に「１３７０年、10代の氏綱《うじつな》が遠征先の紀伊粉河寺で病死したため、その因縁によって１３８２年、紀伊国粉河寺から本尊千手観音を勧請した」などと記されている。

栃木県立博物館学芸部長の江田郁夫さんは「遠く離れた紀州の地で、故郷宇都宮を思いながら没した氏綱の供養のためだった」と説明する。

東は旧宇都宮中央郵便局付近から、西側が栃木県総合文化センター、釜川付近まであ

＊粉河寺

10代宇都宮氏綱が遠征先の紀伊国粉河寺で病死したことを受け、12代満綱が紀より宇都宮城下に紀の千手観音を勧請し建立。１８９１年宝蔵寺に合併し廃寺となる。

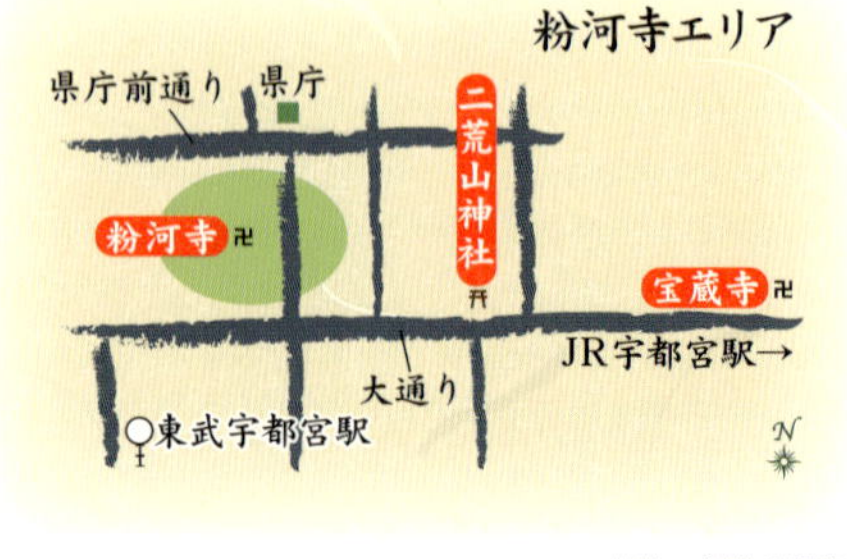

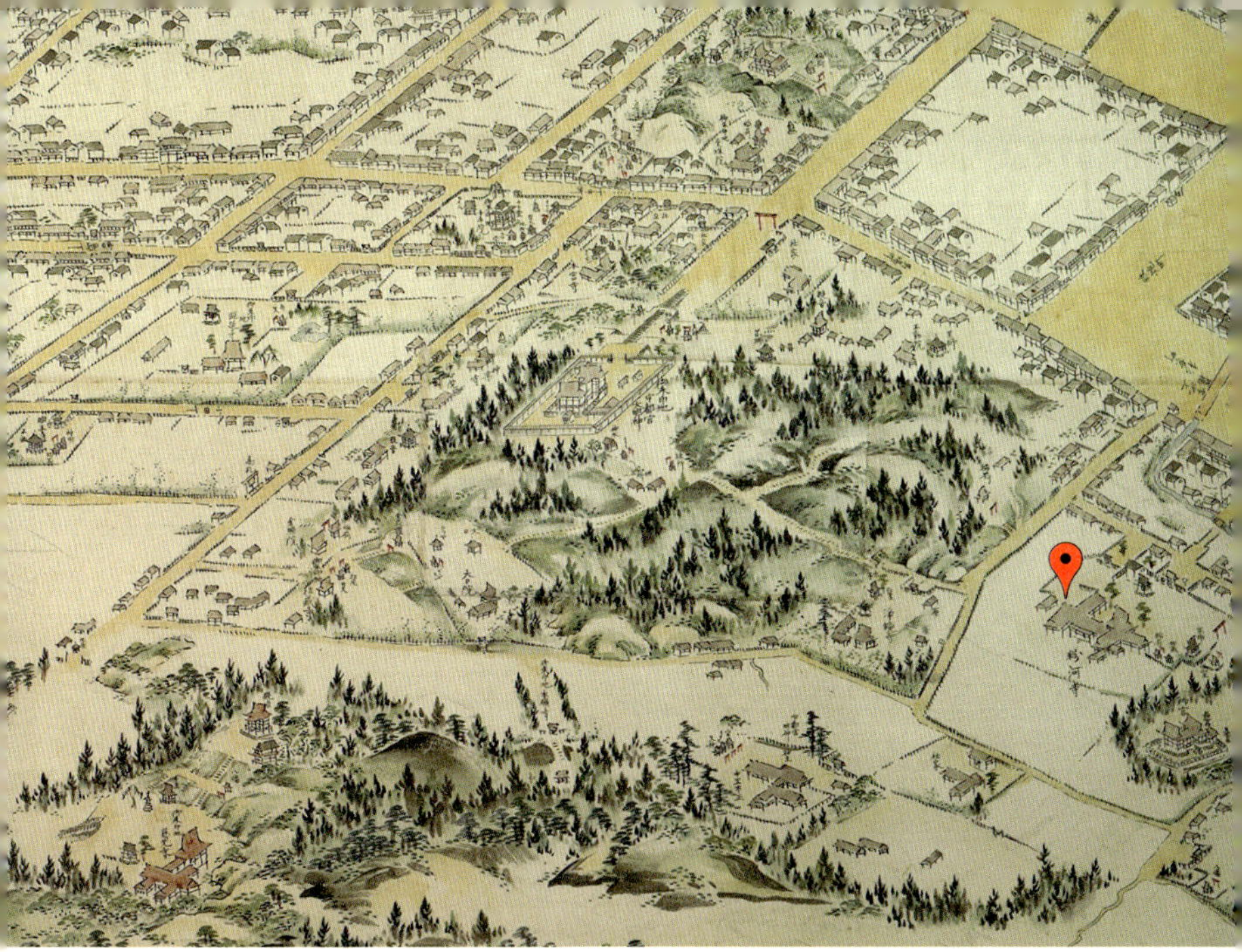

る宇都宮最大級の寺院だったことが、江戸幕府の絵図からも分かる。戦国時代には後に徳川家康の側近となる慈眼《じげん》大師《だいし》天海《てんかい》が、当時の住職だった皇舜《こうしゅん》僧正に付いて天台宗を学んでいる。

「宇都宮氏」の象徴といえる大寺院だったが、残念なことに、戊辰戦争で戦火にさらされるなどして廃寺となった。石仏や石棺などが同市大通り4丁目の宝蔵寺*に移されている。

■分家から13代

宇都宮氏の研究者石川速夫さんの著書によると、満綱の父基綱《もとつな》が小山《おやま》氏との「茂原の戦い」で戦死した時に満綱はまだ5歳だった。石川さんは「宇都宮市中に長楽寺（廃寺）を建立し、阿弥陀如来坐像《ざぞう》を鋳造して本尊としたのも、父と一族の霊を慰めるためだったのかもしれない」と記している。坐像は通称「汗かき阿弥陀」といわれ、今は同市西原2丁目の一向寺にある。

この時代、北関東の伝統的豪族層は宇都宮氏が越後・上野の守護職を罷免され、小山氏宗家が滅ぼされるなど力を失っていた。

それでも宇都宮氏は、満綱の時代に鎌倉公方3代足利満兼《みつかね》から「関東八屋形」として優遇されるなど鎌倉府との良好な関係を維持し、東国の有力領主としての地位を保っていたという。

ところが満綱は1407年、32歳という若さで亡くなってしまう。子がなかったため分家筋の武茂《むも》家から12歳の持綱《もちつな》が宇都宮家に入り、

＊宝蔵寺

天台宗の大寺で、慈覚大師円仁が開山と伝わる。『下野国誌』によると、宇都宮朝綱の時に高根沢郷から宇都宮の領内に移転し、その後、現在地に移された。宇都宮貞綱が献納した梵鐘が現在、宝蔵寺山門にある。

栃木県宇都宮市大通り4―2―12

【交通】JR宇都宮線宇都宮駅から徒歩3分

13代当主となった。

武茂家は宇都宮氏7代景綱《かげつな》の三男泰宗《やすむね》が武茂荘を領して武茂家の始祖となった。泰宗は鎌倉や京都歌壇との交流を密にした文化人で、伊予国守護となり、子も伊予国守護、喜多郡地頭を務めていたことが最近の研究で明らかになっている。

持綱の時代に鎌倉公方が4代持氏《もちうじ》に代わると、鎌倉府政権内の権力抗争が絡んで、室町幕府と鎌倉府が対立するようになる。

この深刻な対立に宇都宮氏も巻き込まれてしまう。

下宇都宮氏13代持綱を出した武茂氏の歴代の墓がある乾徳寺。＊その門前に初代泰宗の像が立っている＝那珂川町馬頭

＊乾徳寺

武茂家の菩提寺。西には武茂城があった。

栃木県那珂川町馬頭114

【交通】JR東北本線氏家駅から東野バス馬頭車庫行で約60分、室町（旧馬頭役場前）下車徒歩8分。またはJR宇都宮駅から車で約1時間

■定まらぬ等綱

持綱は、前関東管領上杉禅秀《ぜんしゅう》の乱で室町幕府側に付いたことで上総守護、京都扶持《ふち》衆*に任じられたが、親幕府のスタンスをとり続けたため鎌倉府に討たれてしまう。江田さん編著の『下野宇都宮氏』は、この持綱の没落について「重臣芳賀《はが》氏の変節に加えて、宇都宮氏の中にも芳賀氏と結んで鎌倉府側に立つ人物も出るなど、宇都宮一族を完全に二つに分裂させたのが原因の一つ」と指摘している。

幕府と鎌倉府の対立は、1454年から30年近くも続いた「享徳の乱」でも宇都宮家に影響し、立場の定まらなかった14代当主の等綱《ともつな》は、実権を握る芳賀氏らに追放されてしまう。

等綱は当初、鎌倉公方の成氏《しげうじ》に従って関東管領上杉氏の重臣長尾《ながお》

●室町時代の当主

1380	宇都宮氏11代基綱、小山義政と戦い戦死
1382	12代満綱、宇都宮に紀伊国粉河寺から勧請した粉河寺を建立か
1418	13代持綱、上杉禅秀の乱での功により上総守護に
1423	持綱、鎌倉公方持氏に敗死。嫡男(後の14代等綱)は奥州に逃れる
1440	結城城の合戦に宇都宮等綱が幕府方として参陣
1454	鎌倉公方足利成氏、関東管領上杉憲忠を謀殺(享徳の乱始まる)
1455	宇都宮城を足利成氏に包囲され宇都宮明綱、降参。等綱は出家の上、没落
1458	等綱、将軍足利義政に対面し、その後、奥州白河に下向
1460	等綱、白河で病没
1463	15代明綱、21歳で病没。弟正綱が16代当主に

＊京都扶持衆
室町時代に、幕府の将軍と主従関係を結んだ関東・奥羽の親幕府、反鎌倉府的な武士。

氏らと戦ったものの、途中から室町幕府の命によって上杉方となった。

しかしこれに怒った鎌倉公方勢に宇都宮城を包囲され、嫡子の幼い明綱《あきつな》が重臣芳賀氏らに伴われて降伏、明綱らは鎌倉公方の後身の古河公方を支え続ける。

等綱も出家・落髪して降伏。奥州を流浪した後に上洛《じょうらく》し、室町幕府将軍足利義政《よしまさ》に対面して幕府の支持を取り付け、再び幕府・関東管領上杉方として活動した。しかし宇都宮城への復帰はかなわず、奥州白河で客死したという。

こうした一族分裂の後、宇都宮氏は16代正綱《まさつな》の時代に新たに一族や周辺武士を家臣化して「家中」を形成した。江田さんは「家中の成立は上から従わせたのではなく、それぞれが戦乱を生き延びるため、宗家宇都宮氏のもとに結集したというのが実態」とみている。

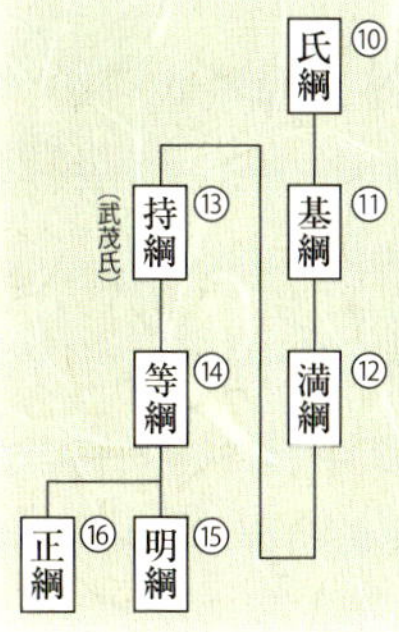

宇都宮氏略系図

戦国時代の当主
家中混乱、北条氏が進攻

さくら市の旧奥州街道沿いにある「宇都宮尚綱の供養塔」と伝わる五輪塔。五月女坂の戦いは宇都宮家中の混乱を象徴する

さくら市の旧奥州街道沿いにある丘陵、五月女坂《そおとめ》に「弥五郎《やごろう》坂古戦場」と記された案内板と石柱があり、その入り口から石段を数メートル登った先に＊「宇都宮俊綱《としつな》（尚綱《ひさつな》）の供養塔」と伝わる巨大な五輪塔が立っている。

1549年に宇都宮軍と那須《なす》軍が激突し、宇都宮氏の20代当主尚綱が、この「五月女坂の戦い」で敗死した。『那須記』によると、宇都宮勢が戦

＊**宇都宮俊綱の供養塔**
栃木県さくら市早乙女
【交通】JR東北本線氏家駅から東野バス喜連川温泉方面・馬頭小川方面行で約10分、谷中入口下車徒歩6分。またはJR宇都宮駅から車で約40分。喜連川早乙女温泉近く

いを優勢に進めたものの、那須方の鮎ケ瀬弥五郎が放った矢が宇都宮軍の大将尚綱に当たり、宇都宮勢は総崩れになる。

さくら市ミュージアム副館長の小竹弘則《こたけひろのり》さんは「栃木県立博物館の『中世宇都宮氏』展を飾った『宇都宮軍旗』はこの時、那須方が宇都宮軍から得た勝利の証しとして伝わった品なのです」と話す。この戦いは、宇都宮氏の家中の混乱を象徴する戦いといわれる。

宇都宮氏軍旗（栃木県立博物館蔵）

幽閉の末に殺害

宇都宮家は1512年、17代成綱《しげつな》が重臣の芳賀高勝《はがたかかつ》を殺害し、「宇都宮錯乱」と呼ばれる内紛へと向かう。栃木県立博物館学芸部長の江田郁夫さんによると、この背景には古河公方親子の抗争への対応を巡って家中が割れ、成綱が隠居に追い込まれたことがある。江田さんは「成綱はそれで自らの地位を守るために台頭著しい芳賀氏を摘み取ってしまうことを考えた」とみている。

「錯乱」は江戸城を築いた室町時代の上杉氏の家宰太田道灌《おおたどうかん》が、主君に謀殺されたケースに似ているという。しかし重臣芳賀氏側も黙ってはいない。

家中の支配を取り戻したかに見えた宇都宮氏だが、18代忠綱《ただつな》は1523年の宇都宮「猿山合戦」で*結城政朝《ゆうきまさとも》に敗れ、鹿沼城に逃れた。

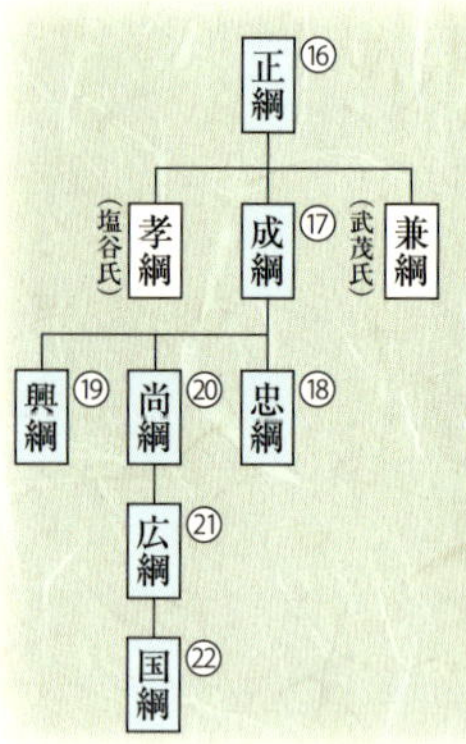

宇都宮氏略系図

この合戦の意味を江田さんは「逼《ひっ》塞《そく》を余儀なくされた芳賀氏が結城氏の支援を受けて巻き返しを図り、復権を実現した」と推測している。

宇都宮城に戻った芳賀氏は忠綱の幼い末弟興綱《おきつな》を19代当主に擁立

＊結城政朝（1479―1481）
下総国結城家の祖。宇都宮成綱、佐竹義舜亡き後、北関東に大きな影響を与えた戦国大名の一人。

し、家中の実権を掌握。しかし元服した興綱は芳賀氏との間に確執が生じると、幽閉の末に殺害されてしまう。

こうして20代当主には、仏門にいた興綱の兄の尚綱が還俗《げんぞく》して就いた。しかし尚綱の時代も内紛が続き、その中心人物の芳賀氏が尚綱に殺害され、芳賀氏と友好関係にあった那須氏との対立が残ったという。

そして五月女坂の戦いに至る。栃木県立文書館の研究者荒川善夫《あらかわよしお》さんは「宇都宮氏は奥州合戦後に源頼朝から森田・向田郷（那須烏山市）を与えられており、この由緒の地の領有と一族から離れつつあった塩谷《しおのや》氏への統制という側面もあった」と指摘する。

沼尻合戦に託す

宇都宮氏は当主尚綱が戦死し、軍旗を奪われ、没落した。その混乱に乗じて那須氏が擁する芳賀氏の子高照《たかてる》による宇都宮城奪取事件が起きる。しかしその那須氏が一族の凶刃に倒れ、高照も尚綱の子広綱《ひろつな》の勢力に謀殺されると、今度は＊壬生《みぶ》氏が宇都宮城を占拠。この事

＊**壬生氏**
下野国壬生、鹿沼を中心に勢力を拡大したが、豊臣秀吉の小田原攻めの際、北条方に属したため滅ぼされた。

●戦国時代の当主

1512	宇都宮成綱、重臣芳賀高勝を殺害し家中が混乱(宇都宮錯乱)
1523	宇都宮忠綱、宇都宮の猿山合戦で結城政朝に敗れ、鹿沼城に逃れる
1534	興綱、芳賀高経らに幽閉され、兄俊綱(尚綱)が当主に
1549	那須高資との喜連川の五月女坂合戦で、尚綱が討死。宇都宮城に芳賀高照が入る
1551	壬生綱雄、芳賀高照に代わり宇都宮城入城
1557	広綱、佐竹義昭らの支援を得て宇都宮城に復帰
1569	越後の上杉氏と北条氏が越相同盟を締結
1572	広綱、皆川俊宗に宇都宮城を占拠される
1584	22代国綱と佐竹義重らが沼尻(旧藤岡町)で北条氏直と対陣(沼尻の対陣)

態に広綱は１５５７年、佐竹《さたけ》氏の支援を受け、父尚綱討ち死にの後９年目にしてやっと宇都宮城に復帰した。

１５８４年春、この宇都宮城争奪事件の背後にいたとされる北条氏の軍と佐竹・宇都宮連合軍が下野の三毳《みかも》山南麓沼尻の渡良瀬川と合流する谷津を挟んで、１１０日間もにらみ合った。宇都宮氏当主は広綱が病死し、22代国綱《くにつな》に代わっている。

『藤岡町史』によると、両軍は北関東の入り口に当たる新田、小泉、館林・藤岡・小山ラインの確保を目指し、この「沼尻合戦」にすべてを託すかのように兵を動員した。北条氏は南関東一円から領主本人を出陣させ、北関東連合軍は会津の葦名《あしな》氏が鉄砲衆を送るなど、鉄砲を多用しようとしたと記録がある。

『町史』の筆者、江戸東京博物館学芸員の齋《さい》藤《とう》慎《しん》一《いち》さんは「合戦は当初、地域紛争で始まったが、北条氏が徳川家康、佐竹・宇都宮氏連合が羽《は》柴《しば》秀《ひで》吉《よし》と結んだことで、同じ時期の小牧・長久手の戦いと政治的に連動し、全国規模の対立構造の中で行われた。戦いは引き分けでしたが、政治的には北条氏が金山城を接収するなど勝利を収め、北関東への圧力を強めていくのです」と説明する。

東に陣取った北条軍と西側の佐竹・宇都宮氏連合がにらみ合った「沼尻合戦」を描いた「野州大田和御陣場絵図」（秋田県公文書館蔵）

22代国綱（上）

多気山に新軍事要塞

宇都宮城の北西約10キロに位置する多気山*には戦国末期、佐竹《さたけ》・宇都宮連合軍が最後のとりでにした「多気山城」があった。

中腹の持宝院に至る参道沿いの茶屋から西に延びる遊歩道を20分ほど上ると、幾重もある曲輪《くるわ》、堀、土塁跡の先に本丸跡が見えてくる。150ヘクタールに及ぶ多気山を軍事要塞化し、関東最大の山城といわれた。

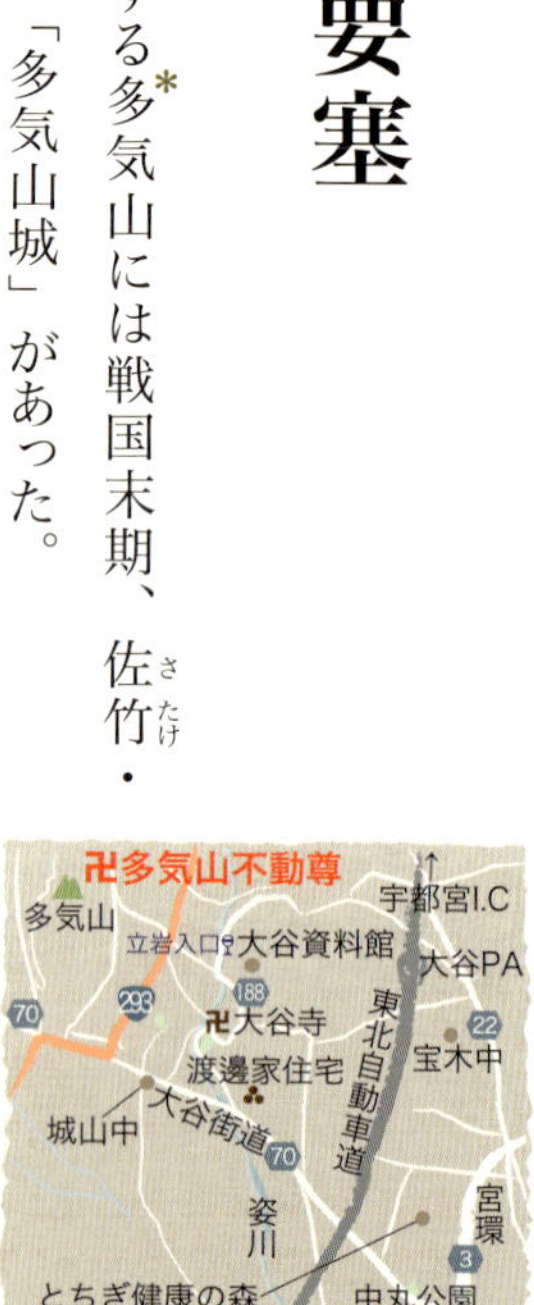

＊多気山不動尊（多気山持宝院）

栃木県宇都宮市田下町563

【交通】JR宇都宮線宇都宮駅西口から関東バス立岩行で約40分、立岩入口下車徒歩約30分。または宇都宮ICから10分

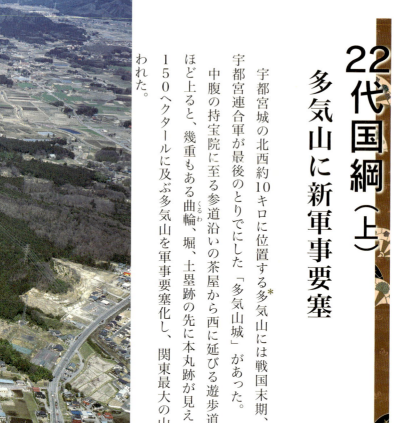

宇都宮国綱が領国支配の新たな拠点にした多気山＝宇都宮市田下町、宇都宮市教委提供

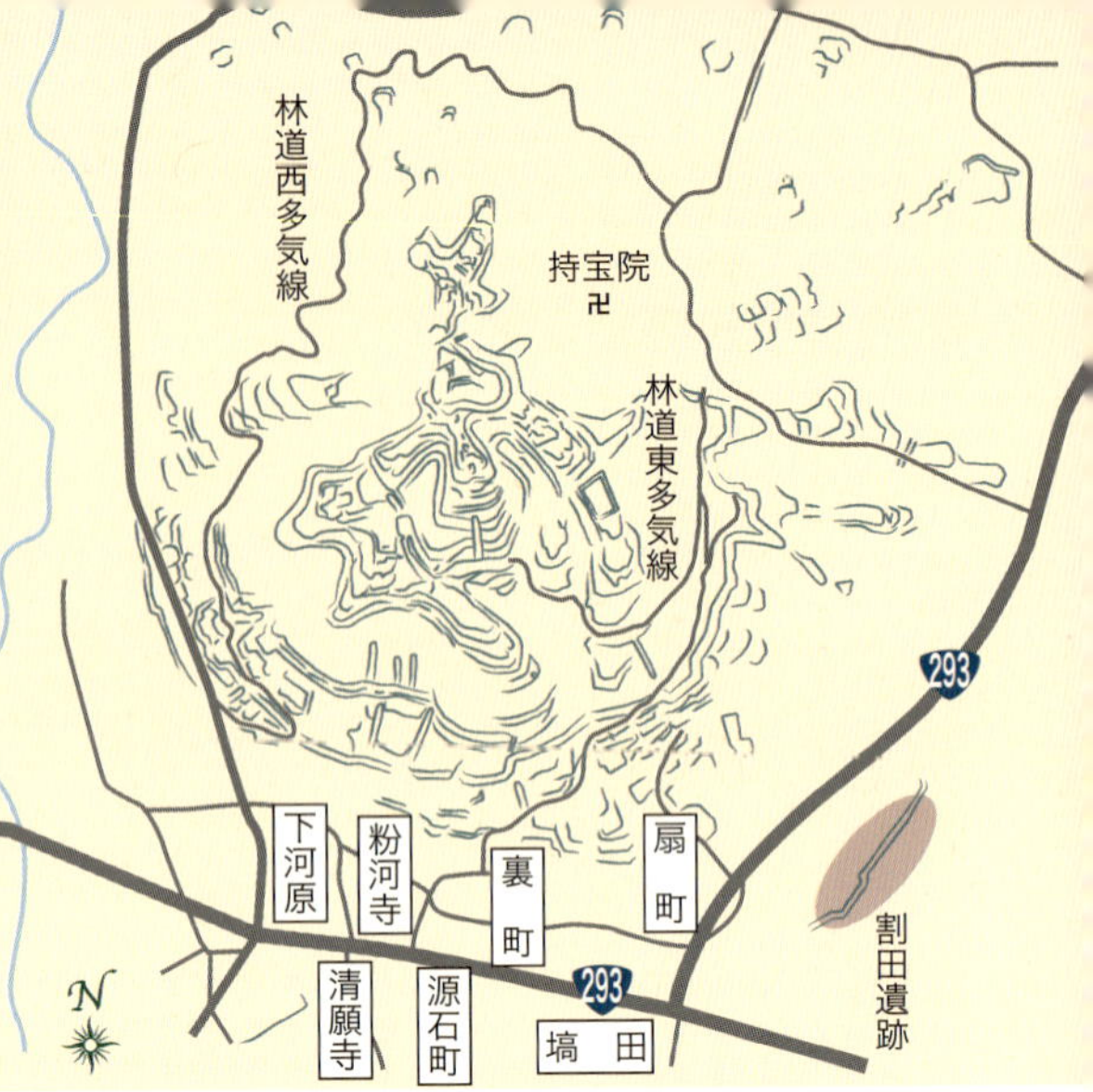

※宇都宮市教委「多気城縄張図」から

山城の小字名に「下河原・粉河寺・清願寺・塙田」など宇都宮城下と同じ地名がみられ、宇都宮城下を街ごとそっくり移そうとしたこだわりが感じられる。

持宝院長老の伊東《いとう》永峯《えいほう》さんは「多気山は平安時代に勝道《しょうどう》上人の弟子が創建し、その後、宇都宮氏が氏家の勝山城から不動明王を移して今に至るのです」と説明する。

多気山には室町時代後期から、宇都宮家の家臣が居城したとも伝わる。栃木県立文書館の研究者荒川善夫さんは「近世の家臣記に『多気兵庫頭』の居城が記されており、宇都宮氏の支城として使われていた可能性がある」と推測している。

北条進軍に備え

宇都宮氏22代国綱《くにつな》は北条軍と対陣した「沼尻合戦」の1年後、その支城を増改築して宇都宮氏の本城とし、北条氏の北関東進攻に備えたようだ。

さくら市の西導寺が所蔵する『今宮祭祀《さいし》録』*には「国綱が1585（天正13）年8月、田気の御堂を建立。常陸の叔父佐竹義重《よししげ》が働き手を派遣した」という趣旨の記述がある。

沼尻で北条氏の大軍を目の当たりにした国綱は、平城である宇都宮城を重臣の玉生《たまにゅう》美濃守に任せ、山城の多気山を佐竹・宇都宮連合の新たな軍事拠点にした。

多気山城は宇都宮城をしのぐ規模と堅い守りの名城だったという。大阪産業大特任教授の市村高男さんは「国綱は、多気山城の麓に城下町の建設を進めていた形跡があるように、この時点では単なる一時しのぎの城としてではなく、宇都宮城に代わる新たな拠点にしようとしていたことは間違いない。武士の覚書にしばしば『新宇都宮たげ』『宇

＊今宮神社『今宮祭祀録』

今宮神社は1060年に創建。『下野国誌』によると、宇都宮氏3代朝綱の3男公頼が氏家に城を築いた時に、宇都宮社を合祀して城中の守護神とした。

『今宮祭祀録』は今宮神社の祭祀次第を年次ごとに記録した近世の写本で、政治・経済・自然災害に関する記述もある。

1300年に勝山城主氏家氏により、氏家24郷の総鎮守として現在地に移されたと伝わる。宇都宮氏は代々崇敬し、大祭は領主や諸豪族が参集し、盛大に行われた。

栃木県さくら市馬場43

【交通】JR宇都宮線氏家駅から北へ1・1㎞、徒歩13分。氏家小学校の北側

都宮新城』と出てくるのはそのためだ」と指摘している。

『今宮祭祀録』によると北条軍は1585年、宇都宮に攻め入り、宇都宮社（現宇都宮二荒山神社）の御殿、楼門、回廊、日光堂、大御堂のほか、城下の東勝寺や興禅寺などの寺社を焼き払い、宇都宮城にも攻撃を加えた。鹿沼城の壬生《みぶ》氏、烏山城の那須《なす》氏も与《くみ》したという。これによって宇都宮氏の400年を超える歴史遺産の大半が灰じんに帰した。

しかし北条軍はこの後の攻撃でも、多気山城だけは攻め切れなかった。

秀吉の命で廃城

こうしている間に畿内で強固な地盤を築いた豊臣秀吉が関東・奥州の大名に「惣《そう》無事」、つまり私戦の禁止を通告する。政治力を駆使して秋には徳川家康を服属させ、関東・奥州に本格介入をし始めた。

そして北条氏が1589年秋、真田《さなだ》氏から上野名胡桃《なぐるみ》城を奪ったのを「惣無事違反」とみなして北条氏に宣戦布告。秀吉は水陸15万ともいわれる兵を率いて北条氏の小田原城を包囲し、南西の石垣山に

●22代国綱（上）

1584	小田原北条軍と佐竹・宇都宮連合軍が藤岡・沼尻で約4カ月間、対陣
1585	宇都宮氏22代国綱が8月、多気山を本城化
	北条軍が12月、宇都宮社など宇都宮城下の寺社を焼き払う
1586	佐竹・宇都宮軍が壬生義雄の本拠鹿沼城を攻める
	北条軍、佐野、皆川氏を攻め、皆川氏を降伏させる
1590	北条氏が滅亡
1597	国綱、豊臣秀吉に改易される。多気山城が廃城に

突貫工事で城を築かせた。総石垣の城は完成を待って一夜のうちに周囲の樹木を伐採。小田原城の将兵は、突然現れた秀吉の本格城に驚いて戦意を失った、といわれる。

北条氏の降伏が時間の問題とみられた時に秀吉は、小田原城が見える裏山に家康を誘い、家康に「領地替え」を迫ったとされる。『徳川実紀』によると、秀吉は東方を指して「御身はこの先に江戸という所があるので、そこを本城と定められるのがよろしかろう」と勧め、家康の「江戸入城」が事実上、決まった。

宇都宮国綱は佐竹義宣《よしのぶ》とともに小田原在陣中の秀吉に見参し、これまでの地位をひとまず安堵《あんど》される。

秀吉はこの後、奥州も平定させようと1590年7月に宇都宮城に入り、北関東、奥州の諸大名に対し、宇都宮での仕置《しおき》*の実施を命令した。軍事要塞の多気山城はその後、秀吉の命によって廃城になっており、県立文書館の荒川さんは「国綱は遅くとも9月下旬までには、宇都宮城に戻っていた」とみている。

＊宇都宮仕置
1590（天正18）年7月の小田原征討後に豊臣秀吉が関東、奥州の諸領主に対して行った戦後措置。秀吉はほぼ400年前の奥州合戦で宇都宮に立ち寄った源頼朝を意識し、頼朝が宇都宮社に参詣した日程を踏まえて宇都宮で仕置を行ったといわれる。

22代国綱（下）
改易の裏に秀吉重臣抗争

小田原の北条氏を降らした豊臣秀吉は1590年7月、宇都宮に向かい、関東・奥羽の戦後処理、いわゆる「宇都宮仕置《しおき》」に着手した。そして宇都宮に続々集まった関東の諸大名、伊達政宗《だてまさむね》ら奥羽の大名に対して知行の安堵《あんど》を行い、所領支配の方針を伝えている。

■恭順し所領安堵

『宇都宮市史』によると、宇都宮氏22代国綱《くにつな》は「仕置」の前に従弟の佐竹義宣《さたけよしのぶ》と小田原の秀吉に参向して恭順の意を示し、領地を安堵されている。

＊**宇都宮城址公園**

栃木県宇都宮市本丸町、旭1丁目地内（宇都宮市役所東側）

【交通】JR宇都宮線宇都宮駅西口から関東バス市内循環線で約20分、宇都宮城址公園入口下車すぐ。または同駅西口からバスで約5分、馬場町下車徒歩10分

*宇都宮城址公園に復元された江戸時代の宇都宮城。
宇都宮氏は秀吉の時代にこの地から去った（作新学院大提供）

北条氏に付いた壬生《みぶ》氏らは*改易《かいえき》され、日光山もほとんどの領地を没収された。皆《みな》川《がわ》氏は戦いの途中で小田原城を忍び出て秀吉に降伏したため、所領は安堵された。

なぜ、「仕置」が宇都宮で行われたのだろうか。

それは宇都宮社（現二荒山神社）が、奥州と向き合う神社だったことと無関係

***改易**
主の所領、領民が没収され、身分資格をも改め変えられる重罰を指す。

ではないという。栃木県立博物館学芸部長の江田郁夫さんによると、秀吉はこの400年前、「奥州合戦」に向かった源頼朝とほぼ同じ日程で宇都宮入りして「仕置」を行った。鎌倉の出発は頼朝と同じ7月19日だった可能性があり、宇都宮入りは頼朝から1日遅れて26日だった。秀吉はそれほど、頼朝を強く意識していたという。

江戸時代に成立した『常山紀談』には、秀吉が鎌倉の鶴岡八幡宮に参詣した際、頼朝の像の背中を親しくたたきながら「私は土民《どみん》の中から出てこの日本を思いのままにしており、貴家出身のあなたより私の方がもっと偉いと話した」という趣旨の逸話が記されている。江田さんは「できすぎた話だが、まんざら根拠のないことではない」とみている。

宇都宮国綱は、いったんは秀吉の体制下に組み込まれ、苦境を脱した。

ところが1597年10月、この秀吉によって突然、改易されてしまう。一連の事件は「宇都宮崩れ」と呼ばれ、『下野国誌』によると、宇都宮氏と一族の城館は宇都宮城を除いてほとんどが廃城になっている。

「過少申告」説も

国綱はどうして改易されなければならなかったのか。研究者の間では（1）跡継ぎのいない国綱の後継問題と家中の内紛（2）所領高の過少申告が検地時に発覚したこと（3）豊臣政権内の内部抗争の影響を受けたこと―が理由に挙がっている。

『宇都宮興廃記』によれば、国綱の養子に秀吉の重臣浅野長政*《あさのながまさ》の子を迎えようとしたが、国綱の弟芳賀高武《はがたかたけ》がこれに反対して縁組を進めていた国綱側近を殺害した。（1）はこの騒動が原因となり、長政の讒言《ざんげん》もあって改易されたという説。

そして（2）は宇都宮国綱の所領高過少申告がこの浅野長政によって発覚し、それが改易の直接の原因になった、という説である。栃木県立博物館の江田さんは、宇都宮氏の旧知行高は5万石だったが、検地の結果、18万石もあったと推測している。この新知行高について、

***浅野長政**（1547―1611）
織田信長に仕えた後、豊臣秀吉のもとで勢力を伸ばし、奉行として検地・軍事などを担った。五奉行筆頭。関白秀次事件で一時、中枢から離れ、関ヶ原の戦いでは東軍に属した。

県立文書館の研究者荒川善夫さんは「佐竹氏が申告した知行高は25万8800石で、実際はこの2・1倍だったが、宇都宮氏は検地の結果、表高の3・6倍もの実高があった。会津の蒲生《がもう》氏も一度は所領高の不正申告をとがめられて会津の所領を取り上げられており、この不正申告が影響した可能性が高い」と指摘している。

さらに国綱の後継問題と所領高の過少申告があった時期には、豊臣政権内で浅野長政らと*石田三成《いしだみつなり》・増田長盛《ましたながもり》らの間に東国支配を巡る内部抗争があったようだ。国綱の従弟の佐竹義宣が父義重に送った書状には、下野・常陸で起こっていた（3）にかかわる緊迫した状況が具体的に書かれている。

大阪産業大特任教授の市村高男さんによると、国綱の改易とほぼ同時に、佐竹氏改易への動きがあり、それが実現へと進んでいたが、佐竹氏の取次役だった

＊石田三成
（1560—1600）
早くから豊臣秀吉に仕え、政権の中枢で行政・外交に手腕を発揮した。秀吉の死後、徳川家康に対抗して挙兵。関ヶ原の戦いで敗走し、処刑された。

●22代国綱（下）

1590	北条氏が滅亡。国綱、佐竹義宣とともに豊臣秀吉に対面
	秀吉が宇都宮に下向し、戦後処理を行う（宇都宮仕置）
1592	国綱、朝鮮出兵のため、肥前名護屋に出陣し、その後、朝鮮に渡海する
1595	国綱の領内で検地が行われる
1597	豊臣秀吉により国綱、改易される
1598	国綱、朝鮮出兵（慶長の役）のため再度、渡海
1607	国綱、武蔵浅草で死去

石田三成が佐竹氏のために奔走し、佐竹氏は一歩手前で改易を逃れた。宇都宮氏の取次役はこの宇都宮・佐竹氏の改易推進者である浅野長政だった。

市村さんは「豊臣政権内の東国支配を巡る内部抗争があり、宇都宮氏や佐竹氏はその渦中にあった。宇都宮氏の改易はこれに国綱の後継問題と所領高の過少申告の発覚が絡んだ結果だろう」とみている。

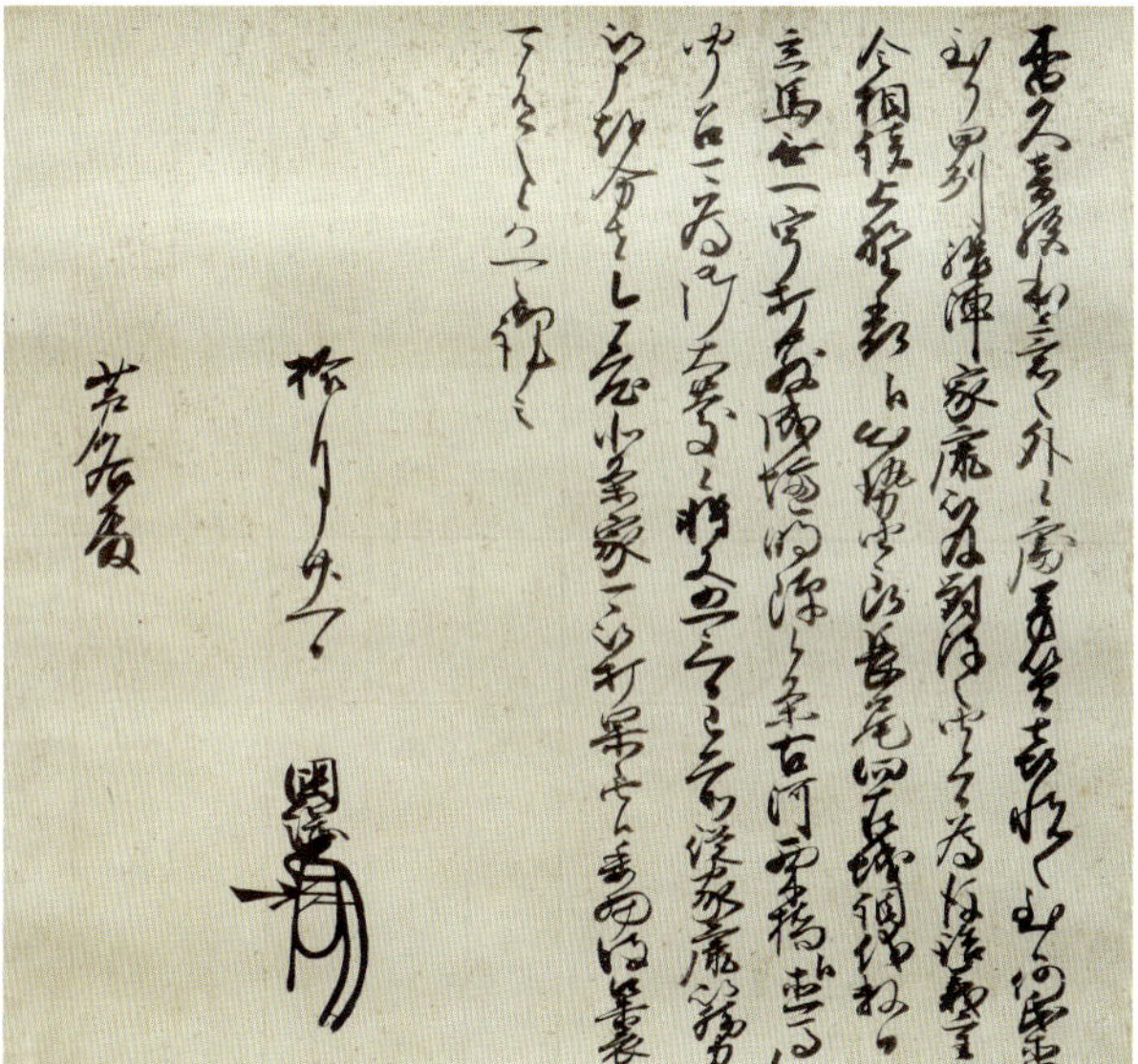

宇都宮国綱書状（仙台市博物館蔵）。
22代国綱が南奥州の蘆名氏に、織田信長急死に伴い東国にも深刻な影響が及んでいたことを伝えている

改易後の一族・家臣団

お家再興の夢かなわず

宇都宮国綱《くにつな》は1597年10月、突如、豊臣秀吉から改易に処せられ、宇都宮の地を追放された。国綱まで22代、初代宗円《そうえん》から500年を超える歴史を刻んだ宇都宮氏は、とうとう滅び去ってしまった。そして翌1598年正月、宇都宮には会津の蒲生《がもう》秀行《ひでゆき》が移封されてくる。

『宇都宮市史』によると国綱は、資産の一切の移動を禁じられ、父祖伝来の歌書、什宝《じゅうほう》もうち捨てたまま五大老の一人で妹婿の宇喜多《うきた》秀家《ひでいえ》（岡山）の下に身を寄せた。

伊勢内宮神官佐八《そうち》氏の記録『佐八文書』*に、没落後の国綱と家中の動向が記されている。それによると国綱は、改易された翌年の15

*佐八文書
室町時代以降、下野を中心に伊勢信仰を広めた内宮（三重県）の神官佐八氏が作成した記録で『下野国檀那之事』『宇都宮国綱願文』『芳賀高武書状』『宇都宮国綱書状』がある。

98年4月以降は秀吉の「朝鮮出兵」によって宇都宮家の再興を果たそうと、朝鮮半島に渡った。ところが戦況は極めて厳しく、秀吉も8月に没したため、秀吉の下での再興の夢ははかなくついえてしまう。

その後、旧臣たち60人と京都で浪人していた国綱は、見舞いに訪れた伊勢内宮の使者に「お家再興が実現したあかつきには所領300石を寄進する」旨の願文を託している。しかし関ケ原合戦以降も再興は果たせず、武蔵石浜（台東区浅草）に閑居して1607年末、失意のうちに没した。40歳だったという。

宇都宮氏略系図

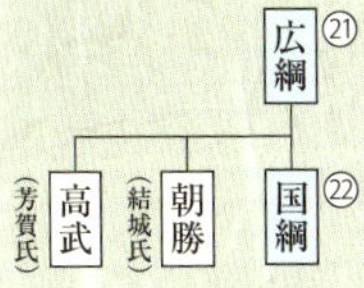

■水戸で家老職に

国綱は流浪中、子に恵まれた。その子義《よし》綱《つな》は水戸徳川家に召し出されて、家老格として処遇された。

茨城県立歴史館の首席研究員寺崎《てらさき》理《り》香《か》さんによると、水戸徳川家に仕えた国綱の子

江戸時代の「水戸城下図」（茨城県立図書館蔵）に宇都宮氏の屋敷が描かれている。明治時代に建てられる旧茨城県庁の西側とみられる

宇都宮国綱の子孫の屋敷は、水戸城（旧茨城県庁）の西側、現在の駐車場辺りにあったとされる

孫は、水戸城三ノ丸に屋敷を構え、家老職に就いた。茨城県立図書館所蔵の「水戸城下図」には「宇都宮弥三郎」屋敷が確かに描かれている。

寺崎さんは「宇都宮氏は元禄以前にこの地に移り、1千石ほどを給されていたが、天保年中に藩校弘道館が開かれると別の地に移ったようだ」と説明する。

国綱の弟朝勝《ともかつ》は、養子に入った結城家を退いた後、佐竹氏を頼って水戸に移った。関ケ原の合戦時には上杉景勝《かげかつ》に与《くみ》するなど、宇都宮氏再興に向けた動きを見せたが、佐竹氏が出羽国（秋田）に減移封されると、後裔《こうえい》は佐竹氏の秋田藩に仕え、久保田城南東に屋敷を構えた。

秋田県立公文書館によると、宇都宮氏は家臣としては最も高い「引渡」という家格とされ、石高も1340石（安政期）と高く、歴代のうち5人が家老職に就くなど、江戸時代を通じて秋田藩の重臣として活躍した。

国綱の弟朝勝の子孫は秋田藩に仕え、久保田城南東の現在の秋田市民市場周辺に屋敷を構えたという

特に30代孟綱《たけつな》は戊辰戦争後まで27年間も藩政の第一線で指揮を執った。秋田県立公文書館副主幹の煙山《けむやま》英俊《ひでとし》さんは「開国、蝦夷地経営、京都警備といった多くの課題に、筆頭家老としてよく対応し、重責を果たした」と話している。『宇都宮孟綱日記』は119冊を数え、幕末の藩政をみる上で極めて重要な史料になっている。

久保田城下絵図（御国目付下向之節指出候御城下絵図）にある宇都宮氏屋敷（秋田公文書館蔵）

国綱、朝勝の同腹の弟で芳賀氏の養子となった高武《たかたけ》は、『佐八文書』によると、朝鮮半島から帰国後、加藤清正《かとうきよまさ》らと対立して佐和山城（滋賀県）に閉居中の石田三成《いしだみつなり》のもとに身を寄せた。天下分け目の「関ケ原の戦い」では、次男朝勝と同様、石田方の西軍寄りの立場だった可能性が高い。

栃木県立博物館学芸部長の江田郁夫さんは「国綱はお家再興を願って徳川家康に接近したが、兄弟3人が一枚岩になれず、家康からは信頼されなかった」とみている。

秋田藩の家老宇都宮孟綱が幕末に記した日記が、秋田県立公文書館に119冊も残されている＝秋田市内

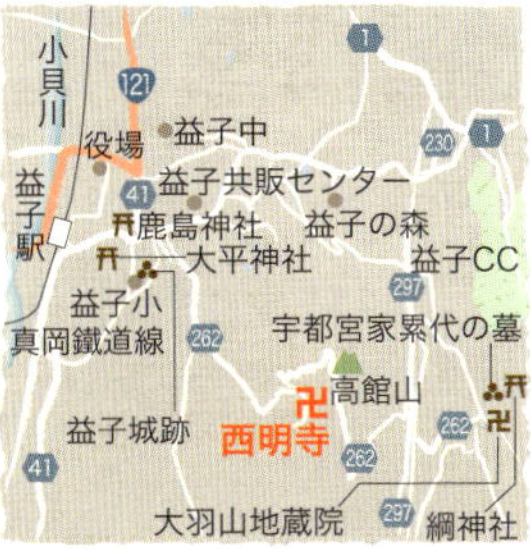

＊**西明寺**（さいみょうじ）

独鈷山善門院西明寺。天平年間に行基の開山、紀氏の開基と伝わる真言宗寺院。兵火などによって度々焼失したが、宇都宮氏、益子氏の支援によって再建された。楼門、三重塔などは国重要文化財。

栃木県芳賀郡益子町益子4469

【交通】真岡鐵道益子駅から車で約10分

■秋田などに四散

鎌倉時代、清原《きよはら》（芳賀）氏とともに「紀清両党」と称され宇都宮氏を支えた益子《ましこ》氏は、戦国期に同じ宇都宮一族の笠間《かさま》氏と紛争を起こし、笠間・宇都宮連合軍に滅ぼされたとされる。しかし『今宮祭《さい》祀《し》録』によると、笠間氏と戦って敗れたものの存続したという。

『佐八文書』には「片岡《かたおか》駿河守殿」の注記に「ましこ殿のことなり」とあり、江田さんは「家中の変化に連動して1590年に益子氏は益子城主ではなくなり、片岡と改姓したと考えられる。この時期には塩谷《しおのや》氏も宇都宮氏に所領を移されており、益子氏には片岡郷（現矢板市）が当てがわれたのだろう」と推測している。

一族・家臣団ではこのほか武茂《むも》、茂木《もてぎ》、塩谷氏らが新たな仕官先を求めて先祖伝来の地を離れ、秋田に向かうなど四散した。

しかし家臣団の多くは帰農して下野にとどまったようだ。「800年来の古都」の伝統を継承・発展させてきたのは、こうした家臣団でもあるだろう。

益子氏の先祖紀氏ゆかりの
＊西明寺＝益子町益子

宇都宮氏関連年表

西暦	年号	事項
838	承和5	荒尾崎の宇都宮社御祭神を臼ヶ峰に遷座と伝わる
940	天慶3	藤原秀郷、平将門の追討を宇都宮で祈願と伝わる
1060	康平3	石山寺座主宗円、下野宇都宮に下向と伝わる
1063	康平6	城山村多気山に不動明王を安置し、田下城を築いたと伝わる
1111	天永2	宗円、69歳で死去か（79歳死亡説もあり）
1113	永久元	宗円、日光山11世座主に就任説（下野国誌）
1168	仁安3	藤原（宇都宮）朝綱、右兵衛尉に任じられる
1179	治承3	平清盛の嫡子重盛没する
1180	治承4	源頼朝、伊豆で平氏打倒の挙兵。宇都宮信房、頼朝の挙兵に参陣
		宇都宮氏3代朝綱、左衛門権少尉に。このころ大番役で在京
		寒河尼、末子を同道し陣中の頼朝に拝謁
1181	養和元	清盛没する
1182	寿永元	朝綱らが源頼家の誕生で護刀を献上
1183	寿永2	小山朝政らに八田知家、宇都宮信房が合力し、野木宮合戦で頼朝方として志田義広と戦う（81年説もあり）
		平家都落ち。平貞能、都に戻りその後、東国へ
1184	寿永3	朝綱、源頼朝から「宇都宮社務職」を安堵され、新恩与えられる
1185	文治元	平家が滅亡。朝綱、平家の重鎮平貞能を預けられる
1186	文治2	信房、近江国善積荘を与えられる
1187	文治3	頼朝、寒河尼に寒河郡と網戸郷を与える
1188	文治4	信房、九州・貴海島を平定。この年までに豊前国内に所領を与えられたか

豊前宇都宮氏

伊予宇都宮氏

年表

1189	文治5	奥州平泉の合戦に向かう頼朝が、宇都宮で戦勝祈願 宇都宮朝綱郎従の紀氏、芳賀氏が8月の阿津賀志山合戦で活躍 頼朝、奥州合戦の凱旋途中の11月、報賽（ほうさい）のため宇都宮に参詣する
1192	建久3	朝綱の嫡子業綱（宇都宮氏4代）が没
1193	建久4	源頼朝、那須野ヶ原で狩り。朝綱、益子上大羽に阿弥陀堂を建立
1194	建久5	朝綱、頼朝の東大寺造営で大仏脇侍観世音菩薩造立を割り当てられる 朝綱、公田横領の罪で7月に土佐に配流となる。頼綱は豊後、朝業は周防へ 朝綱、出家する。貞能、益子に安善寺を建立か
1195	建久6	信房、木井馬場に宇都宮社から勧請し木井神社を創建
1203	建仁3	朝綱、頼朝弟の阿野全成を預けられる
1204	元久元	朝綱、83歳で没する
1205	元久2	北条氏の内紛（牧氏事件）起こる。頼綱、謀反の嫌疑により出家。蓮生と名乗る
1207	承元元	法然が四国、親鸞が越後に流罪に（承元の法難）
1208	承元2	蓮生、法然上人の弟子になると伝わる
1209	承元3	信房の嫡子景房、益子の西明寺本堂を再建
1212	建暦2	法然、京都大谷で没する。将軍源実朝、塩谷朝業に和歌一首を贈る
1214	建保2	蓮生、三井寺の復興事業を担う。親鸞一家、関東入りか。常陸国に赴き、関東での教化を始める（42歳）
1217	建保5	信房、僧俊芿を豊前に招き、夫婦ともに受戒
1218	建保6	信房、僧俊芿に京都の泉涌寺地を寄進
1219〜33	承久元	宇都宮氏5代頼綱、伊予守護として活動。その後、頼綱の子頼業が伊予守護を継承
1219		将軍実朝、鶴岡八幡宮で暗殺される。しばらくして後、朝業出家。信生と名乗る
1221	承久3	承久の乱。蓮生、鎌倉に出仕。信房、承久の乱で一族を率い鎌倉方に参陣か
1222	貞応元	藤原為家と蓮生の娘に子為氏が誕生
1224	元仁元	親鸞、「教行信証」の撰述進行か（52歳）

1225	嘉禄元	親鸞、下野国入りか
1226	嘉禄2	蓮生、嫡子泰綱（宇都宮氏6代）に家督を譲り、上洛。下野国高田に専修寺創建と伝わる（親鸞54歳）
1227	安貞元	蓮生と信生「嘉禄の法難」で法然の遺骸を護衛し二尊院に運び込む
1228	安貞2	寒河尼、91歳で没する
1234	文暦元	蓮生、三鈷寺に6町3反の田地を寄進。信房、仏教に帰依し79歳で死去
1235	嘉禎元	蓮生、藤原定家に中院山荘の襖障子色紙の作成を依頼（『小倉百人一首』の原型となる）
		親鸞、帰洛か（63歳）
1241	仁治2	藤原定家没する
1248	宝治2	信生、京都で客死か
1257	正嘉元	高田派3世顕智、三河国に道場を建てる
1259	正元元	宇都宮氏の歌集『新式和歌集』が成立。蓮生没する
1262	弘長2	親鸞、入滅（90歳）。顕智、親鸞の葬送を行う
1281	弘安4	宇都宮氏8代貞綱、蒙古襲来に際し六波羅軍の大将として出陣
1283	弘安6	宇都宮氏7代景綱、宇都宮家弘安式条を制定
1293~1302	永仁元	宇都宮泰宗、伊予守護に（忽那家文書）
1293~98		芳賀高俊が飛山城築く
1312	正和元	貞綱、母の13回忌に鉄塔婆を建立か
1319	元応元	泰宗の子貞宗、伊予守護を継承（小早川家證文）
1331	元徳3	豊前宇都宮氏の豊房が地蔵嶽に城を築いたと伝わる（大洲旧記）
1332	正慶元	宇都宮9代公綱、元弘の乱で上洛、紀清両党を率いて天王寺で楠木正成と渡り合う
1333	正慶2	貞能「100回忌」供養板碑を建立（安善寺）
		喜多郡地頭宇都宮氏が「根来山」に城郭を構え忽那氏らと交戦
		鎌倉幕府が滅亡。公綱、千早城を攻めるも奈良に退いて降伏
1334	建武元	公綱、建武政権から雑訴決断所一番奉行に任じられる

		賀茂社行幸の足利尊氏軍勢に「宇津宮遠江守貞泰」が加わる
1335	建武2	宇都宮貞泰、中先代の乱で足利軍に従軍
1341	暦応4	天龍寺創建の地鎮祭に、足利尊氏らに交じって貞泰が参加
		南朝方に攻められ、芳賀氏の居城飛山城が落城
1347	貞和3	足利尊氏の楠木正行討伐軍に貞泰が加わる
1351	観応2	宇都宮氏10代氏綱、駿河薩埵山合戦で足利尊氏を救援。戦後、氏綱は上野・越後の守護に
1352	文和元	喜多郡地頭の宇都宮貞泰、同郡の西禅寺に年貢を寄進
1354	文和3	貞泰、足利直冬の家人が喜多郡に乱入して城郭を構えたと幕府に訴える
1356	延文元	公綱没する
1363	貞治2	氏綱、越後守護を罷免される。芳賀氏、鎌倉公方足利基氏と戦い敗れる
1368	応安元	氏綱、鎌倉公方足利氏満に宇都宮城を攻められ降参
1370	応安3	足利一門の今川了俊が九州探題に就任。4年後、宇都宮冬綱が反旗を翻す
		氏綱、紀伊の南朝勢力撃破のため出陣するも、紀州粉河寺で病死
1380	康暦2	宇都宮氏11代基綱、小山義政と戦い戦死
1382	永徳2	宇都宮氏12代満綱、宇都宮に紀伊国粉河寺から勧請した粉河寺を建立か
1418	応永25	宇都宮氏13代持綱、上杉禅秀の乱での功により上総守護に
1423	応永30	持綱、鎌倉公方持氏に敗死。嫡男（後の宇都宮氏14代）等綱は奥州に逃れる
1440	永享12	結城城の合戦に宇都宮等綱が幕府方として参陣
1454	享徳3	鎌倉公方足利成氏、関東管領上杉憲忠を謀殺（享徳の乱始まる）
1455	康正元	宇都宮城を足利成氏に包囲され宇都宮氏15代明綱、降参。等綱は出家の上、没落
1458	長禄2	等綱、将軍足利義政に対面し、その後、奥州白河に下向
1460	寛正元	等綱、白河で病没
1463	寛正4	15代明綱、21歳で病没。弟正綱が宇都宮氏16代当主に
1472	文明4	高田派10世真慧、本願寺8世蓮如に論争を挑む

1512	永正9	宇都宮氏17代成綱、重臣芳賀高勝を殺害し家中が混乱（宇都宮錯乱）
1523	大永3	宇都宮氏18代忠綱、宇都宮の猿山合戦で結城政朝に敗れ、鹿沼城に逃れる
1534	天文3	宇都宮氏19代興綱、芳賀高経らに幽閉され、兄俊綱（尚綱）が20代当主に
1549	天文18	那須高資との喜連川の五月女坂合戦で、尚綱が討死。宇都宮城に芳賀高照が入る
1551	天文20	壬生綱雄、芳賀高照に代わり宇都宮城入城
1557	弘治3	宇都宮氏21代広綱、佐竹義昭らの支援を得て宇都宮城に復帰
1563	永禄6	宇都宮豊綱、毛利・河野連合軍の攻撃を受け衰退
1568	永禄11	宇都宮豊綱、毛利・河野・西園寺連合軍に敗れ、衰退
1569	永禄12	越後の上杉氏と北条氏が越相同盟を締結
1570	元亀元	北条氏直に攻められ下野国の西方城が落城
1572	元亀3	広綱、皆川俊宗に宇都宮城を占拠される
1584	天正12	宇都宮氏22代国綱と佐竹義重らが沼尻（旧藤岡町）で北条氏直と対陣（沼尻の対陣）
1585	天正13	宇都宮氏22代国綱が8月、多気山を本城化。北条軍が12月、宇都宮社など宇都宮城下の寺社を焼き払う
1586	天正14	佐竹・宇都宮軍が壬生義雄の本拠鹿沼城を攻める。北条軍、佐野、皆川氏を攻め、皆川氏を降伏させる
1587	天正15	鎮房、城井谷に籠城し、黒田長政軍を撃破。豊臣秀吉の島津攻めに鎮房の嫡子朝房が参加 鎮房、島津義久の降伏を受けた秀吉の「九州国分け」で領地を失う
1588	天正16	鎮房、黒田氏と和睦するが、黒田氏に謀殺される
1590	天正18	北条氏が滅亡。国綱、佐竹義宣とともに豊臣秀吉に対面 秀吉が宇都宮に下向し、戦後処理を行う（宇都宮仕置）
1592	文禄元	国綱、朝鮮出兵のため、肥前名護屋に出陣し、その後、朝鮮に渡海する
1595	文禄4	国綱の領内で検地が行われる
1597	慶長2	国綱、豊臣秀吉に改易される。多気山城が廃城に
1598	慶長3	国綱、朝鮮出兵（慶長の役）のため再度、渡海
1607	慶長12	国綱、武蔵浅草で死去

おわりに

誇りにしたい「古都」宇都宮

「一寸法師」や「物ぐさ太郎」など、室町時代から江戸時代初期にかけてつくられた御伽草子の総数は400編以上に及ぶが、そのなかに中世宇都宮氏が登場する御伽草子がある。

京都の絶世の美女・蛍火に一目ぼれした伊勢の鰯売り・猿源氏の恋愛物語、「猿源氏草紙」である。しがない行商人の猿源氏は蛍火を振り向かせるために、関東屈指の有力大名であり、歌人としても有名な宇都宮氏になりすました。のちに蛍火と契りを結んだ猿源氏は行商での売り口上を寝言でつぶやいてしまい、蛍火に聞きとがめられたものの、和歌の知識を駆使して蛍火の疑念をとき、めでたく夫婦となることができた。身分は卑しくても、身につけた教養が猿源氏を窮地から救ったのである。その後、蛍火に本性をあかし、ふたりは伊勢に下って幸せに暮らしたという。

大人のみならず、子どもも楽しめる御伽草子だからこそ、登場人物のイメージは重要である。「猿源氏草紙」の物語構成からすると、室町時代に実在したあまたの大名のなかでも財力と文化力をあわせもつ「名門」として、下野宇都宮氏が京都周辺で抜群の知名度を有していたことがうかがえる。14代等綱以来、宇都宮氏の当主が実際に上洛して足利将軍と対面することはなくなってしまうが、洛中洛外の住民にとって宇都宮氏の記憶はなお鮮明だったのである。

本書では、以上のような宇都宮氏の存在感の背景が、綱川栄特別編集委員の丹念な取材によってあきらかにされている。宇都宮氏が藤原摂関家の子孫を自認し、のちのちまで京都と密接なつながりをもっていたこと。本拠地である下野宇都宮のほか、一族は九州、そして四国にも広がり、全国規模で活躍をみせたこと。鎌倉幕府・室町幕府などの武家政権の中枢に位置しただけでなく、宗教面では法然・親鸞らと交流をもち、文化面では宇都宮歌壇として知られる和歌の一大ネットワークを形成したこと。歌人藤原定家との結びつきが、日本を代表する秀歌集である百人一首成立のきっかけとなったこと、等々。宇都宮氏の「名門」たるゆえんが、多面的に紹介されている。

残念ながら、22代国綱の代で宇都宮氏は滅亡してしまう。つづく江戸時代には、幕府の信頼あつい譜代大名が宇都宮藩主に封じられ、宇都宮氏の400年以上にわたった治世は徐々に忘れ去られていった。くわえて、幕末維新期の戊辰戦争で宇都宮城が戦場となり、二度の落城の結果、建造物の多くが焼失する憂き目もみた。平安末以来の歴史を有する「古都」宇都宮だが、近代以降、その面影は急速に失われていった。

雅な語感をもつ「うつのみや」は、そもそもは神社の名前であり、それが「名門」武士団の名字となり、そして東日本屈指の「古都」の名称となって現在に受け継がれている。あまり自慢をしないのが県民性といわれる栃木県民だが、京都の美女も魅了された「名門」武士団をはぐくみ、武家の都鎌倉にも劣らない「古都」が県内に実在しているわけで、その点はもう少し誇りにしてもよいのではなかろうか。

栃木県立博物館学芸部長　江田 郁夫

参考文献

阿部昭・永村眞 編　『図説　栃木県の歴史』　河出書房新社　1993年

雨宮義人、石川速夫、菊地卓　『中世宇都宮氏の文化』　宇都宮二荒山神社　1974年

雨宮義人 編　『宇都宮二荒山神社誌　資料編』　宇都宮二荒山神社　1988年

『宇都宮二荒山神社誌　通史編』　宇都宮二荒山神社　1990年

荒川善夫　『戦国期東国の権力構造』　岩田書院　2002年

荒川善夫・新井敦史・佐々木倫朗 編　『戰國遺文　下野編第1巻』　東京堂出版　2017年

石井進　『中世武士団』（講談社学術文庫）　講談社　2011年

石川速夫　『宇都宮氏歴代の足跡　多気山城ができるまで』　宇都宮市制百周年記念城山地区地域イベント実行委員会　1997年

市村高男　『宇都宮氏と伊予・豊前両国』（西南四国歴史文化論叢よど5号）　西南四国歴史文化研究会　2004年

『東国の戦国合戦』（戦争の日本史10）　吉川弘文館　2009年

市村高男 編著　『中世宇都宮氏の世界　下野・豊前・伊予の時空を翔る』　彩流社　2013年

今井雅晴　『親鸞聖人　稲田草庵』（歴史を知り、親鸞を知る4）　自照社出版　2011年

『四十九歳の親鸞―承久の乱のころ―』（関東の親鸞シリーズ5）　真宗文化センター　2011年

『五十三歳の親鸞―下野国への布教―』（関東の親鸞シリーズ7）　真宗文化センター　2012年

『親鸞をめぐる人々』　自照社出版　2012年

『六十歳の親鸞―帰京。関東に別れを告げる―』（関東の親鸞シリーズ15）　真宗文化センター　2016年

江田郁夫　『戦国大名　宇都宮氏と家中』　岩田書院　2014年

『戦国末期の宇都宮家中―益子氏の動向を中心に』（栃木県立博物館研究紀要第33号）　栃木県立博物館　2016年

江田郁夫 編著　『下野宇都宮氏』（シリーズ・中世関東武士の研究第4巻）　戎光祥出版　2011年

江田郁夫・ほか 編　『知られざる下野の中世』　随想舎　2005年

江田郁夫・簗瀬大輔 編　『北関東の戦国時代』　高志書院　2013年

大佛次郎　『乞食大将』　光風社書店　1973年

梶村昇　『法然上人をめぐる関東武者2　宇都宮一族』（知恩院浄土宗学研究所シリーズ4）　東方出版　1992年

鴨志田智啓　『下野宇都宮朝綱の研究』（花園史学20号）　花園大学史学会　1999年

川合康 編　『平家物語を読む』　吉川弘文館　2009年

五味文彦・本郷和人 編　『現代語訳吾妻鏡1　頼朝の挙兵』　吉川弘文館　2007年

今平利幸　『飛山城跡　下野の古代烽家と中世城館』（日本の遺跡29）　同成社　2008年

齋藤慎一　『戦国時代の終焉「北条の夢」と秀吉の天下統一』（中公新書）　中央公論新社　2005年

新川武紀　『地方別日本の名族3　関東編1』（宇都宮氏）　新人物往来社　1989年

高橋修　『中世東国の在地領主と首都・京都―宇都宮氏を事例として』（「都市の歴史的形成と文化創造力」　大阪市立大文学研究科叢書第7巻）　清文堂出版　2011年

『中世常陸の馬と武士団』（馬の博物館研究紀要　第19号）　馬事文化財団学芸部　2014年

土井中照　『えひめ名字の秘密』　アトラス出版　2006年
野口実　『部門源氏の血脈　為義から義経まで』　中央公論新社　2012年
『下野宇都宮氏の成立と、その平家政権下における存在形態』（研究紀要第26号）　京都女子大学宗教・文化研究所　2013年
『宇都宮頼綱―京都で活動した東国武士』
（平雅行編「中世の人物 京・鎌倉の時代編 第三巻 公武権力の変容と仏教界」）　清文堂出版　2014年
則松弘明　『中世武士団・鎮西宇都宮氏の研究II―九州の宇都宮一族・諸家の歴史―』　翠峰堂　2011年
松本一夫　『下野中世史の世界』（岩田選書 地域の中世8）　岩田書院　2010年
三好正文　『百人一首と猿丸大夫の歴史学　猿丸大夫は実在した』　創風社出版　2000年
山本隆志　『東国における武士勢力の成立と展開―東国武士論の再構築―』（思文閣史学叢書）　思文閣出版　2012年
秋田県立公文書館　『宇都宮孟綱日記　第一巻』　秋田県　2006年
大洲市編集委員会　『大洲昔ばなしと里うた』　大洲市教育委員会　1992年
北西弘先生還暦記念会　編　『中世仏教と真宗』　吉川弘文館　1985年
下野新聞社　編　『下野人物史』　下野新聞社　1972年
『栃木の城』　下野新聞社　1975年
真宗高田派本山専修寺　『高田本山の法義と歴史』　真宗高田派宗務院　1991年
築上町教育委員会　『豊前宇都宮氏歴史資料集　文献資料と城館の調査―戦国時代を中心として―』　福岡県築上町教育委員会　2016年
地方史研究協議会　『茨城の歴史的環境と地域形成』　雄山閣　2009年
中世都市研究会　『都市を区切る』　山川出版社　2010年
毎日新聞社宇都宮支局　編　『下野の武将たち』　落合書店　1978年
栃木県史編さん委員会　『栃木県史通史編3・中世』　栃木県　1984年
宇都宮市史編さん委員会　『宇都宮市史　第3巻　中世通史編』　宇都宮市　1981年
氏家町史作成委員会　『氏家町史上巻』　氏家町　1983年
真岡市史編さん委員会　『真岡市史　第6巻　原始古代中世通史編』　真岡市　1987年
益子町史編さん委員会　『益子町史　第6巻 通史編』　益子町　1991年
二宮町史編さん委員会　『二宮町史通史編I　古代中世』　二宮町　2008年
西方町史編さん委員会　『西方町史』　西方町　2011年
藤岡町史編さん委員会　『藤岡町史　資料編　古代・中世』　藤岡町　1999年
『藤岡町史　通史編前編』　藤岡町　2004年
前橋市史編さん委員会　『前橋市史　第1巻』　前橋市　1971年
大洲市誌編纂会　『大洲市誌』　大洲市　1972年
栃木県立博物館　『中世宇都宮氏―頼朝・尊氏・秀吉を支えた名族―』（開館35周年記念特別企画展図録）　栃木県立博物館　2017年
さくら市ミュージアム　『廃城400年特別展　勝山城～氏家氏　栄光の時代～』　ミュージアム氏家　1997年

デスク
早川 茂樹

執　筆
綱川 栄

図　版
稲葉 明男

写　真
綱川 栄／菊地 政勝

編　集
桑原 純子

装　丁〈デザイン〉
imagical（イマジカル）

写真協力：仏壇屋 滝田商店

中世《ちゅうせい》の名門《めいもん》 宇都宮氏《うつのみやし》

2018年 6月14日 初版第1刷発行
7月26日 初版第2刷発行
2019年 4月 2日 初版第3刷発行

著　者　下野新聞社編集局

発　行　下野新聞社
〒320-8686 栃木県宇都宮市昭和1-8-11
TEL.028-625-1135（編集出版部）
FAX.028-625-9619

印　刷　株式会社シナノパブリッシングプレス

ISBN978-4-88286-704-3 C0021